Matthias Körner

Terraristik für Einsteiger

AUGUSTUS

Inhalt

Terrarientiere kennenlernen

Die urzeitlich wirkenden Reptilien lösen bei vielen unserer Mitmenschen immer noch Ekel und Abscheu aus. Mit zahlreichen Vorurteilen sind diese gepanzerten oder geschuppten Tierchen belegt, und trotzdem erlebt die Pflege von Reptilien in den letzten Jahren einen noch nie dagewesenen Boom.

Reptilien erobern das Wohnzimmer

Eine nicht unerhebliche Rolle scheint hier unsere technisierte und immer weiter fortschreitende, naturfremde Umwelt zu spielen. Der Mensch sucht wieder die Nähe zur Natur und findet sie in einem kleinen Biotop hinter Glas. Ein weiteres wichtiges Kriterium ist aber sicherlich auch der wenige Platz, der uns hauptsächlich in Mietwohnungen zur Verfügung steht und die Pflege von größeren Tieren, wie Hund oder Katze, nicht immer einfach macht. Ein Terrarium hingegen kann in eine noch so kleine Nische unseres Heimes eingepaßt werden und

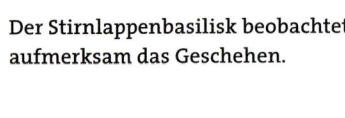

Der Stirnlappenbasilisk beobachtet aufmerksam das Geschehen.

Timorwarane sind oft sehr scheu und verlieren diese Scheu auch nach längerer Zeit nur wenig.

schenkt uns zusammen mit dem Pflegling einen winzigen Ausschnitt der Wüste, des Regenwaldes oder einer Wasserlandschaft.

Reptilien – die unbekannten Wesen?

Kalt, glitschig und bissig sind noch bis heute die Beschreibungen, die viele unserer Mitmenschen über Reptilien abgeben. Um so größer ist dann die Verwunderung, wenn eine Echse, Schlange oder Schildkröte das erste Mal angefaßt wird. Warm, weich oder rauh und niedlich sind die Eigenschaften, die zuerst festgestellt werden. Daraufhin kommt es unweigerlich zu einem Vergleich mit den großen, längst ausgestorbenen Dinosauriern, die noch vor rund 70 Millionen Jahren über die Erde marschierten. Aber auch schon damals gab es einige Reptilien, wie Schildkröten und Krokodile, die damals neben ihren großen Brüdern und Schwestern lebten und bis in unsere Zeit fast unverändert ausharrten.

Die bekannteste und beliebteste Reptilienart ist wohl die Schildkröte. Mit ihrem gepanzerten Häuschen und dem langsamen, oft trottelig wirkenden Verhalten eroberte sie schon die Herzen unserer Eltern und Großeltern. Doch heute sind es meist Schlangen und Echsen, die die Faszination bei der Pflege von Reptilien auslösen.

Tip!

Bevor Sie ein Reptil erwerben, informieren Sie sich sorgfältig. So verhindern Sie, daß Ihnen die Tiere später nicht mehr zusagen.

Das Leben in freier Wildbahn

In freier Wildbahn sind Reptilien vielen Gefahren ausgesetzt, doch die größte Gefahr bleibt weiterhin der Mensch. Ob durch Straßenverkehr, Umweltverschmutzung oder den Hotelbau auf Eiablegeplätzen von Meeresschildkröten ist der Fortbestand der Reptilien bedroht. Doch auch natürliche Feinde gefährden das Leben unserer Kriechtiere. Greifvögel überwältigen Schlangen und Echsen aus der Luft, Schildkröten werden beim Schlupf aus ihrem Ei von zahlreichen Säugetieren und Vögeln als willkommene Mahlzeit betrachtet, aber auch Reptilien verspeisen sich oftmals gegenseitig. So ist es nicht verwunderlich, daß Reptilien äußerst scheue und somit aufmerksame Lebewesen sind, die stets ihre Umwelt vorsichtig ertasten beziehungsweise erstapfen.

Reptilien kommen auf allen fünf Kontinenten vor und meiden nur die ständig vereisten Pole der Erde, wo sie ihre Betriebstemperatur nicht erreichen können. Reptilien sind nämlich wechselwarme Geschöpfe, die auf die Umgebungstemperatur angewiesen sind und somit stets den

Bergchamäleons dürfen nie zu hohen Temperaturen ausgesetzt werden, am günstigsten ist für sie eine Umgebungstemperatur um die 23 °C.

Zackenerdschildkröten gehören zu den wenigen Landschildkröten, die Fleischfresser sind. Hier wurde ein Regenwurm entdeckt.

wärmsten Platz aufsuchen, um sich überhaupt fortbewegen zu können. Sie haben demnach nicht nur die für alle Lebewesen notwendige Aufgabe, Nahrung in ausreichender Menge zu suchen oder zu fangen, sondern müssen auch ihren Körper stets betriebsbereit halten.

Was für Reptilien im Terrarium aufgrund technischer Hilfsmittel wie Heizstrahler oder Bodenheizung sehr leicht zu bewerkstelligen ist, stellt für die Schlange oder Echse in freier Wildbahn somit eine lebensnotwenige Herausforderung dar. Deshalb ist es nicht verwunderlich, daß diese Tierchen ihre Scheu nur selten oder nur nach längerer Eingewöhnungszeit verlieren, obwohl sie im Terrarium keine Feinde zu fürchten haben. Natürlich gibt es aber auch bei den Reptilien Ausnahmen, Arten, die schon anfangs keine Scheu zeigen und somit für den zukünftigen Terrarianer ein idealer Pflegling werden können.

„Hey, ich bin eine Rot-wangen-Schildkröte und komme aus den warmen Flüssen und Seen Floridas. Deshalb müßt Ihr mich gut wärmen, sonst bekomme ich eine Erkältung."

Wichtige Fragen vorab

Haben Sie sich für die Haltung und Pflege von Reptilien oder Amphibien entschieden, ist die Auswahl dieser Tierchen recht groß und somit die Entscheidung für das eine oder andere Kriechtier oft sehr schwierig. Lassen Sie sich deshalb ruhig Zeit, und informieren Sie sich ausführlich.

Wasseragamen benötigen geräumige Terrarien. Besonders geeignet sind Aqua-Terrarien mit zahlreichen Klettermöglichkeiten.

Passen Reptilien zu mir?

Mit der Anschaffung einer Schildkröte, Echse, Schlange oder eines Frosches übernehmen Sie eine zeitlich lange Aufgabe und eine große Verantwortung für ein oder mehrere Lebewesen, da viele Reptilien ein recht hohes Alter erreichen können. Vorausgesetzt, die Pflege entspricht den Ansprüchen der jeweiligen Art.

Reptilien sind eigentlich die idealen Pfleglinge für Menschen, die mit Allergien, beispielsweise gegen Tierhaare, zu kämpfen haben. Denn bis heute wurden noch keine Allergien entdeckt, die unmittelbar mit der Haltung von Reptilien in Zusammenhang stehen. Jedoch sollte auch eine Echse, Schildkröte oder Schlange nicht bezüglich der Gefahr für den Menschen unterschätzt werden. Besonders die Hygiene muß bei der Pflege dieser Tiere im Mittelpunkt stehen. Hauptsächlich Schildkröten sind latente Träger von Salmonellen, die auch dem Menschen gefährlich werden können. Deshalb ist das Händewaschen nach Berührung des Tieres oder der Einrichtung ein wichtiges Gebot.

Des weiteren ist darauf zu achten, daß der Pfleger ein gewisses Verständnis für diese Art von Tieren besitzt. Vor allem das Alter des Pflegers spielt hier eine große Rolle. Reptilien sind keine Schmusetiere und sollten eigentlich auch nicht aus ihrem Terrarium herausgenommen werden, wenn es nicht gerade notwendig ist. Einem Reptil sind dann besser Katzen, Zwergkaninchen oder Hunde vorzuziehen, wenn es zum Streicheln und Liebhaben dienen soll.

Ebenso rate ich davon ab, gleich mit ausgefallenen, teuren, seltenen oder sogar giftigen Reptilien in die Haltung und Pflege dieser Tierchen einzusteigen. Auch wenn eine Hornviper noch so interessant mit ihren kleinen Hörnchen am Kopf erscheint, so kann sie für uns Menschen mit ihrem Gift eine große Gefahr darstellen. Manch erfahrener Pfleger hat den Biß einer Giftschlange oder eines Großwarans schon bitter bereut. Deshalb sollte das erste Reptil oder die ersten Reptilien, falls man sich für eine kleine Gruppe entscheidet, ein relativ einfach zu haltendes Tier sein. Im anschließenden Teil des Buches werden die verschiedenen Arten vorgestellt, die für den Anfänger in der Anschaffung in Frage kommen könnten.

Welche Reptilien gibt es eigentlich?

Bei Reptilien denkt man wohl zuallererst an Schlangen oder erinnert sich an die Eidechse aus dem Vorgarten, die sich an schönen Tagen im Sommer noch auf dem einen oder anderen Erdhügel aufwärmt. Auch Schildkröten, ob im Wasser oder auf dem Land, lassen so manches Tierliebhaberherz höher schlagen. Doch bei den Echsen, Schlangen, Schildkröten und Fröschen, die zwar zu den Amphibien gehören, also teils im Wasser und teils an Land leben (jedoch in diesem Buch nicht unerwähnt bleiben sollen), gibt es zahlreiche und verschiedene Arten. Das heißt, Schlange ist nicht gleich Schlange oder Echse nicht gleich Echse. Die Welt der Reptilien und Amphibien präsentiert sich in einer Vielzahl unterschiedlicher Erscheinungen und Lebensweisen der Individuen.

Leopardgeckos (Eublepharis macularius) sind häufig gepflegte Terrarientiere und gerade für Anfänger geeignet.

Tip!

Wenn Sie Kontakt mit den Tieren hatten, immer die Hände waschen, da Reptilien oft mit Salmonellen oder anderen Bakterien behaftet sind. Diese können Ihnen gesundheitlich schaden.

Artenkunde mit Kurzportraits

Bartagame
Pogona vitticeps

Herkunft: Australien. Von den Küstengebieten und dem Hochland bis in die trockenen Wüstenregionen Inneraustraliens.

Größe: Bartagamen können eine Länge von bis zu 50 cm erreichen. Einige Unterarten, beispielsweise *Pogona rankini*, sind mit 20 – 25 cm ausgewachsen.

Lebensweise: Tagaktiv.

Verträglichkeit: Gutmütig, eine Gruppenhaltung ist möglich, wobei die Männchen eine gewisse Rangordnung durch Kopfnicken und kleinere Attacken anfangs festlegen.

Haltung: Zimmerterrarium mit einem Wärmestrahler, der örtlich 40 °C erreichen darf, aber auch kühlere (20 – 25 °C) Stellen beherbergt. Ab November bis Januar/Februar sollte eine drei- bis viermonatige Winterruhe (kein Winterschlaf) bei Temperaturen von 15 – 18 °C eingelegt werden.

Temperatur: 28 – 30 °C Umgebungstemperatur.

Nahrung: Grillen, Heimchen, Schaben, Babymäuse und Zophobas stellen den Hauptteil auf dem Bartagamen-Speiseplan dar, doch auch Salat, Apfelstücke und verschiedene Grünpflanzen werden gerne genommen und sollten auch nicht fehlen.

Winterruhe: Sollte vom ersten Lebensjahr an eingehalten werden, jedoch bei Jungen nur wenige Wochen (zwei bis vier Wochen).

Eignung: Bartagamen sind die idealen Anfängertiere, da sie kleine Fehler in der Haltung meist verzeihen und durch ihren zutraulichen Charakter dem Anfänger die ersten Kontakte erleichtern.

Nordafrikanische Dornschwanzagame
Uromastyx acanthinura

Herkunft: Nordafrika, vor allem in den Trockengebieten Marokkos, Tunesiens, Algeriens, Ägyptens, Libyens, Sudans und des Tschad.

Größe: Der größte Dornschwanz ist der Ägyptische Dornschwanz *(Uromastyx aegyptia)* mit bis zu 75 cm Länge, stellt aber bei diesen Agamen eine Besonderheit in bezug auf die Größe dar. Die überwiegenden Dornschwänze sind mit 30 – 40 cm Länge ausgewachsen, wie auch die links abgebildete Geschmückte Dornschwanzagame *(Uromastyx ocellata ornata)*.

Lebensweise: Tagaktiv.

Verträglichkeit: Nach kurzer Zeit werden die meisten Tiere relativ zahm. Sie sollten stets nur als Pärchen oder in einer Gruppe von einem Männchen und zwei Weibchen gepflegt werden. Männchen sind untereinander unverträglich, und auch Weibchen können sich gegenseitig unterdrücken.

Haltung: Dornschwanzagamen können in einem geräumigen Zimmerterrarium untergebracht werden. Spotstrahler sollten das neue Heim der

Tierchen auf über 30 °C erwärmen (örtlich unter dem Strahler um die 40 °C), aber auch kühlere Orte, hauptsächlich in den Höhlen, sind wichtig für das Wohlbefinden unserer Pfleglinge.

Temperatur: In der aktiven Phase sind Temperaturen zwischen 30 und 40 °C ideal.

Nahrung: Eine ausgewogene Nahrung ist bei diesen Agamen sehr wichtig: Sie ernähren sich hauptsächlich von Löwenzahn, Gänseblümchen, Salat, Kohlsorten und verschiedenen Kräutern. Als Trockenfutter sollten stets verschiedene Sämereien angeboten werden, wie rote Linsen, Weizen, Trockenbohnen und Sonnenblumenkerne. Wie auch bei anderen Pflanzenfressern sollte einfach ausprobiert werden, was den Tieren am besten schmeckt. Fleischliche Nahrung sollte nur selten angeboten werden; hier eignen sich Heuschrecken, Zophobas, Schaben und Wachsmottenlarven.

Winterruhe: Auf eine Winterruhe sollte nicht verzichtet werden. Temperaturen zwischen 12 und 16 °C haben sich gut bewährt.

Eignung: Dornschwanzagamen sind keine Anfängertiere.

Stirnlappenbasilisk
Basiliscus plumifrons

Herkunft: Mittelamerika. In den Waldgebieten von Guatemala bis Costa Rica in der Nähe von Gewässern.

Größe: Stirnlappenbasilisken erreichen eine Größe von etwa 80 cm, obwohl rund zwei Drittel der Gesamtlänge auf den Schwanz entfallen.

Lebensweise: Tagaktiv.

Verträglichkeit: Sehr schnelle und teilweise auch bissige Artgenossen. Sie können nur in sehr großen Terrarien (über 2 m³) als Gruppe gepflegt werden, wobei immer nur ein Männchen mit zwei oder mehr Weibchen harmoniert.

Haltung: Geräumiges Zimmerterrarium, das mindestens 1,5 m hoch ist, da Stirnlappenbasilisken auf Bäumen wohnen. Kletteräste und eine Bademöglichkeit dürfen nicht fehlen. Mit einem Heizstrahler sollte örtlich eine Temperatur von 35 °C erreicht werden. Die Umgebungstemperatur sollte um die 28 °C liegen und für eine hohe Luftfeuchtigkeit ist zu sorgen.

Nahrung: Stirnbasilisken fressen alles, was sich bewegt, auch andere Echsen. Deshalb ist Vorsicht geboten! Junge Mäuse, Grillen, Wachsmotten, Zophobas und Heuschrecken; Obst wird nur selten genommen.

Temperatur: Zwischen 23 und 35 °C.

Winterruhe: Keine, jedoch sollte eine jahreszeitliche Klimaveränderung eingehalten werden, bedingt durch größere Temperaturschwankungen zwischen Tag und Nacht.

Eignung: Stirnlappenbasilisken lassen sich relativ einfach pflegen und sind für Einsteiger in die Terraristik zu empfehlen. Doch sollte den Tieren stets ein großes Terrarium zur Verfügung stehen.

Stachelschwanzwaran
Varanus acanthurus

Herkunft: Australien. Dieser Zwergwaran bewohnt die trockenen Steppen Nord- und Zentralaustraliens. Er bevorzugt Stein- und Felsaufbauten, deren Spalten er behaust.
Größe: Stachelschwanzwarane erreichen eine Länge von 60–70 cm, wobei nur etwa 25 cm auf den Kopf-Rumpf entfallen.
Lebensweise: Tagaktiv.
Verträglichkeit: Dieser relativ kleine Waran ist in der Waranfamilie wohl der gutmütigste Vertreter. So ist mir kein Fall bekannt, daß Stachelschwanz-

warane dem Menschen gegenüber ein aggressives Verhalten zeigten. Untereinander sollten sie jedoch nur paarweise gehalten werden, in manchen Fällen können aber auch mehrere Weibchen zusammen gepflegt werden.
Haltung: Dieser australische Waran sollte in einem Zimmerterrarium untergebracht werden. Steinaufbauten und Sonnenplätze runden die Einrichtung ab. Spotstrahler müssen lokale Plätze auf um die 40 °C erhitzen, kühlere Rückzugsmöglichkeiten dürfen doch auch hier nicht fehlen.
Temperatur: In der aktiven Phase 25 – 32 °C, in der Ruhephase um die 20 °C.
Nahrung: Wie alle Warane ist auch der Stachelschwanzwaran ein reiner Fleischfresser. Grillen, Heimchen, Heuschrecken, Zophobas, Schaben und kleingeschnittenes Rinderherz werden gierig verschlungen. Doch Vorsicht, Warane neigen dazu, schnell zu verfetten, deshalb immer einmal eine Futterpause von wenigen Tagen einlegen.
Winterruhe: Stachelschwanzwarane halten zwar keine generelle Winterruhe, doch hat sich für eine erfolgreiche Zucht eine Ruhepause mit geringeren Temperaturen und kaum Futter bewährt.
Eignung: Falls man sich als Einsteiger für Warane entscheiden sollte, so ist der Stachelschwanzwaran der geeignetste Vertreter seiner Gattung.

Leopardgecko
Eublepharis macularius

Herkunft: Asien. Leopardgeckos bewohnen in ihrer Heimat, Ost-Iran, Südost-Afghanistan, Pakistan und Nordwestindien, vorwiegend steppenartige Gebiete mit Felswüsten und einer geringen Vegetation.
Größe: Diese Geckos können eine Gesamtlänge von 25 cm erreichen, wobei

die Männchen massiger als die weiblichen Tiere sind.
Lebensweise: Dämmerungs- und Nachtaktiv.
Verträglichkeit: Nach kurzer Zeit sind Leopardgeckos zahm und fressen ihr Futter von der Pinzette des Pflegers. Sie sollten in Gruppen gehalten

werden, wobei die Anzahl der Weibchen beliebig sein kann. Doch dürfen Männchen nicht zusammen in einem Terrarium gepflegt werden.

Hinweis: Alle Geckos werfen ihren Schwanz beim Festhalten durch den Pfleger ab. Dies ist eine Abwehrmaßnahme und dient den Geckos in der freien Wildbahn im Überlebenskampf. Deshalb greifen Sie nie an den Schwanz.

Haltung: Die Pärchen oder Gruppen dieser Gecko-Art sollten in einem Wüstenzimmerterrarium untergebracht werden. Unterschlupfmöglichkeiten sind für das Wohlbefinden der Tiere unbedingt notwendig. Spotstrahler erwärmen die Umgebung auf 28–30 °C.

Temperatur: 28–30 °C in den Sommermonaten, im Winter 18–20 °C.

Nahrung: Grillen, Heimchen, kleinere Heuschrecken, Zophobas und sogar Babymäuse werden gefressen. Manchmal nehmen Leopardgeckos Obst, wie Apfel- und Pfirsichstücke.

Winterruhe: Um Leopardgeckos erfolgreich zu züchten, sollte eine zwei-monatige Winterruhe eingelegt werden. Zimmertemperatur ist hier schon ausreichend.

Eignung: Dieser Gecko ist für Einsteiger ideal. Er sollte aber nicht oft aus seinem Terrarium herausgenommen werden, da doch die Gefahr eines Schwanzverlustes droht.

Augenfleck- oder Pfauenaugen-Taggecko
Phelsuma quadriocellata

Herkunft: Ostmadagaskar. Dieser Taggecko ist ein ausgesprochener Regenwaldbewohner und bewohnt die Regenwaldgebiete Ostmadagaskars in einer Höhe von 800 bis 1000 m über dem Meeresspiegel.

Größe: Mit 10 bis 11 cm Gesamtlänge gehört der Pfauenaugen-Taggecko zu den kleineren Vertretern seiner Art.

Lebensweise: Wie der Name schon aussagt, ist er ein tagaktiver Gecko.

Verträglichkeit: Nur in seltenen Fällen werden Taggeckos zahm. Untereinander sind sie gleichgeschlechtlich meist unverträglich, deshalb sollte man nur Pärchen zusammen pflegen.

Haltung: Die Regenwaldterrarien müssen nicht besonders groß sein, doch die Maße 50 x 40 x 40 cm (Länge x Breite x Höhe) nicht unterschreiten.

Hinweis: Bei der Pflege von allen Regenwaldbewohnern ist eine ausreichende Luftfeuchtigkeit

nötig, deshalb ist häufiges Besprühen oder die Installation eines Ultraschall-Verneblers von großer Wichtigkeit. Eine schwache Wärmelampe sorgt für Temperaturen, die 29 °C nicht überschreiten dürfen.

Temperatur: Am Tag sollte die Temperatur zwischen 27 und 29 °C liegen. Eine Absenkung in der Nacht auf 20 bis 23 °C wäre ideal.

Nahrung: Wie bei allen Tieren, so ist auch bei Taggeckos eine hochwertige und ausgewogene Ernährung lebenswichtig. Erwachsene Geckos füttert man am besten mit Heimchen, Babys erhalten entweder Micro-Heimchen oder Drosophila. Zusätzlich sollte auch etwas Süßes angeboten werden. Hier eignen sich vielerlei Obstsorten, Honig, Eigelb oder Quark. Die Tierchen fressen zwar nicht richtig an dem Dargebotenen, lecken aber mit ihrer Zunge daran und nehmen so einen Teil davon auf.

Winterruhe: Keine.

Eignung: Augenfleck- oder Pfauenaugen-Taggeckos eignen sich hervorragend für Einsteiger.

Großer Madagaskar-Taggecko
Phelsumsa madagascariensis grandis

Herkunft: Äußerster Norden Madagaskars. Diese Gecko-Art bewohnt in ihrer Heimat verschiedene Biotope. Auf Bäumen, Bananenstauden, auf Felsen und sogar auf Gemäuern ist dieser große Gecko-Vertreter anzutreffen.
Größe: Mit 28 cm Gesamtlänge ist der Madagaskar-Taggecko der größte Gecko auf Madagaskar.
Lebensweise: Tagaktiv.
Haltung: Die Tiere sind in geräumigen, hohen Terrarien unterzubringen. Um sie artgerecht zu pflegen, sind Klettermöglichkeiten in Form von Ästen einzubringen. Eine Wärmelampe sollte auch in diesem Gecko-Heim nicht fehlen.
Hinweis: Geckos können sich fast überall mit ihren Saugfüßen festhalten, also auch an heißen Lampen. Verbrennungen drohen! Sorgen Sie deshalb dafür, daß Wärmelampen nicht von den Tierchen erreicht werden können.

Temperatur: Zwischen 23 °C nachts und um 28 °C tagsüber.
Nahrung: Grillen, Heimchen, Heuschrecken, Schaben stehen bevorzugt auf dem Speiseplan dieses Geckos, doch auch ein Angebot an Obst, Quark, Eigelb und Honig sollte nicht fehlen.
Winterruhe: Keine.
Eignung: Auch der Große Madagaskar-Taggecko eignet sich für den Anfänger.

Tokeh, Tokee
Gekko gecko

Herkunft: Asien. Nordost-Indien, Bangladesch, Burma, Thailand, Südchina, Indonesien, Philippinen und zahlreiche Inseln zwischen Asien und Australien.
Größe: Dieser große Gecko erreicht eine Gesamtlänge von bis zu 35 cm.
Lebensweise: Dämmerungs- und Nachtaktiv.

Verträglichkeit: Frißt nach längerer Eingewöhnung von der Pinzette, verliert aber seine Scheu nur sehr langsam. Untereinander sind Männchen unverträglich.
Haltung: Der Tokee sollte in einem Terrarium (80 x 50 x 100 cm/L x B x H) untergebracht werden. Ursprünglich war der Tokee in Regenwäldern beheimatet, doch mit der fortschreitenden Zersiedelung der Landschaft ist er heute oft an Hauswänden oder ähnlichem zu finden. Äste und Korkeichen-Röhren bieten ihm Kletter- und Unterschlupfmöglichkeiten. Ein Spotstrahler, der Sonnenplätze auf 40 °C erwärmt, ist wichtig. Diese

Geckoart kann einzeln oder als Gruppe mit einem Männchen und mehreren Weibchen gepflegt werden.

Temperatur: Das Wärmebedürfnis des Tokees liegt tagsüber bei 27 bis 33 °C und nachts bei 23 °C.

Nahrung: Tokees fressen eigentlich alles, was sich bewegt. Deshalb sind Heimchen, Grillen, Schaben, Heuschrecken und sogar Babymäuse das ideale Futter für diesen Vielfraß.

Winterruhe: Keine.

Eignung: Der Tokee ist in der Haltung problemlos und eignet sich für den Anfänger, doch aufgepaßt bei Berührung!

Hinweis: Der Tokee ist äußerst wehrhaft bei Berührung, und seine Bisse können recht schmerzhaft sein. Am besten versuchen Sie nie, den Gecko irgendwie zu packen, Sie könnten es bereuen.

Rotkehlanolis
Anolis carolinensis

Herkunft: USA. Dieser Anolis besiedelt kleineres Buschwerk und Kulturlandschaften (Obstplantagen) im Südosten der USA und auf den Bahamas.

Größe: Mit ihrer langgezogenen Schnauze erreichen die Tierchen eine Gesamtlänge von 20 cm, wobei zwei Drittel auf den Schwanz entfällt.

Lebensweise: Tagaktiv.

Verträglichkeit: Anolis bleiben in der Regel scheu. Untereinander gibt es zwar manchmal Beißereien, doch können sie recht gut in Gruppen unterschiedlichen Geschlechts gepflegt werden.

Haltung: Die Zimmerterrarien sollten zahlreiche Klettermöglichkeiten anbieten, auch Pflanzen werden gut angenommen und geben dem Anolis-heim einen dekorativen Anblick und reichern die Luft mit der notwendigen Luftfeuchtigkeit an. Das tägliche Übersprühen mit Wasser ist für das benötigte Klima von großer Wichtigkeit. Zum Sonnen sollte auch eine Wärmequelle eingebracht werden.

Temperatur: In den Sommermonaten zwischen 25 und 30 °C, im Winter um etwa 20 °C.

Nahrung: Grillen, Heimchen und weitere Gliedertiere, doch Vorsicht! Die Futtertiere sollten eine angemessene Größe haben, also nicht zu große Happen anbieten.

Winterruhe: Eine Ruhepause von Januar bis März sollte den Tierchen gegönnt werden. Kürzere Tageslänge und Zimmertemperatur sind empfehlenswert.

Eignung: Rotkehlanolis können dem Anfänger und Erfahrenen viel Freude bereiten.

Jemen-Chamäleon
Chamaeleon calyptratus

Herkunft: Arabische Halbinsel. Im nördlichen Jemen und einer südlichen Provinz Saudi-Arabiens ist dieses Chamäleon beheimatet. Sie bewohnen zumeist Akazienbäume.

Größe: Das Jemen-Chamäleon gehört zu den größeren Vertretern seiner Art. Männchen erlangen eine Größe von bis zu 45 cm, Weibchen hingegen sind mit 30 – 35 cm ausgewachsen. Der Helm der Männchen kann bis 8 cm groß werden.

Lebensweise: Tagaktiv.

Verträglichkeit: Wie die meisten Reptilien sind auch die Jemen-Chamäleons als Jungtiere untereinander verträglich. Ausgewachsene Tiere sollten nur zur Paarung für wenige Stunden oder Tage zusammengesetzt werden. Männchen sind untereinander unverträglich. Dem Pfleger gegenüber werden die Chamäleons zahm.

Haltung: Jemen-Chamäleons benötigen hohe Terrarien, um ihnen ihren Kletterdrang zu gewährleisten. Sie können aber auch frei im Raum, beispielsweise auf einer Birkenfeige *(Ficus benjamini)*, gepflegt werden.

Hinweis: Sollten Sie Ihr Jemen-Chamäleon mit nach draußen nehmen, dann müssen Sie es gegen Zugluft schützen. Wie im Terrarium, so sollte auch im Zimmer ein Spotstrahler für die notwendige Wärme sorgen, die zwischen 20 °C nachts und bis zu 32 °C tagsüber liegen darf (unter dem Strahler noch höher).

Temperatur: Zwischen 20 und 32 °C.

Nahrung: Baby-Chamäleons werden mit Drosophila großgezogen. Ausgewachsene Tiere erhalten Grillen, Heimchen, Schaben, Heuschrecken und Babymäuse, ab und zu sollte der Pfleger auch Apfelstücke und anderes Obst anbieten.

Winterruhe: Keine. Durch die Länge der Lichtbestrahlung (Tageslänge) kann ein jahreszeitlicher Rhythmus nachgespielt werden.

Eignung: Das Jemen-Chamäleon ist als ausgewachsenes Tier recht robust und ist somit für Anfänger geeignet. Von Babys wird abgeraten.

Kornnatter
Elaphe guttata

Herkunft: USA. Ursprünglich bewohnt diese Schlange Kiefernwälder der östlichen und südöstlichen USA bis in den Nordosten Mexikos.

Größe: Die eierlegende Kornnatter kann bis zu 180 cm lang werden.

Lebensweise: Dämmerungsaktiv, doch am Tag läßt sie sich oft sehen.

Verträglichkeit: Diese Schlange kann zu mehreren Exemplaren in einem Terrarium gehalten werden, vorausgesetzt die Tiere haben eine ähnliche Größe. Dem Pfleger gegenüber ist sie recht friedfertig.

Haltung: Kornnattern sollten in großen und hohen Terrarien (Grundfläche um 1 m²) gepflegt werden und Klettermöglichkeiten haben. Weiterhin ist ein Wassergefäß zur Verfügung zu stellen, in dem die Tiere ausgiebig baden können.

Hinweis: Oft ist es schon vorgekommen, daß Schlangen sich bei der Fütterung gegenseitig verletzt oder sogar aufgefressen haben. Sollten Sie mehrere Tiere zusammen in einem Becken halten, so füttern Sie die Tiere stets einzeln.

Temperatur: In der Aktivitätsphase sind Temperaturen zwischen 20 und 26 °C ideal. Unter
einem Strahler dürfen sie sogar höher sein.

Hinweis: Verbrennungen drohen bei zu großer Hitze unter
einem Strahler. Sorgen Sie deshalb für den nötigen Abstand
zwischen dem Tier und der
Lampe. In der Ruhephase sind
Temperaturen von 10 bis 15 °C
einzuhalten.

Nahrung: Eine ausgewach-
sene Maus oder nestjunge Ratten genügen
wöchentlich. Junge Schlangen erhalten dementsprechend kleinere Mäuse. Während der Häutung
und der Winterruhe sollte nicht gefüttert werden.

Winterruhe: Eine Winterruhe von drei bis vier
Monaten muß eingehalten werden.

Eignung: Falls man mit Schlangen in die Terraristik einsteigen möchte, so ist die Kornnatter die
richtige Wahl.

Strumpfbandnatter
Thamnophis sirtalis

Herkunft: Südkanada bis Nordmexiko. Strumpfbandnattern sind häufig in Feuchtgebieten des
östlichen nordamerikanischen Kontinents anzutreffen.

Größe: Bis 80 cm Länge.

Lebensweise: Tagaktiv.

Verträglichkeit: Diese Schlangen sind untereinander verträglich und können somit in Gruppen
gepflegt werden.

Haltung: Strumpfbandnattern sind in einem
Aqua-Terrarium und an einem sehr hellen Ort
unterzubringen.

Hinweis: Zu starke Sonneneinstrahlung kann zu
einem Wärmestau führen. Achten Sie deshalb
darauf, daß die Terrarien ausreichend belüftet
sind. Ein Spotstrahler sorgt für Wärme an einem
Sonnenplatz (um die 30 °C).

Temperatur: Eine leicht erhöhte Zimmertemperatur um die 20 °C ist für diese Schlange ausreichend. In der lebensnotwendigen Winterruhe
sollte die Temperatur allmählich auf 10 °C gesenkt
werden.

Nahrung: Regenwürmer, Schnecken und Fisch
in entsprechender Größe werden von den Nattern
gierig genommen.

Winterruhe: Eine Winterruhe von zwei bis drei
Monaten sollte dringend durchgeführt werden.
Das Wasser sollte in der Ruheperiode stets sauber
gehalten werden.

Eignung: Strumpfbandnattern sind relativ leicht
zu pflegen und somit für Einsteiger zu empfehlen.

Griechische Landschildkröte
Testudo hermanni

Herkunft: Süd- bis Süd-
osteuropa. Die Griechi-
sche Landschildkröte
bewohnt Steppen,
Wiesen und
offene
Waldland-
schaften.
Größe:
Zwischen
20 und 25 cm
Panzerlänge.

Lebensweise: Tagaktiv.
Verträglichkeit: Landschildkröten sind insgesamt
gutmütige Geschöpfe. Einer Gruppenhaltung
steht nichts im Wege.
Haltung: Griechische Landschildkröten können in
den ersten Lebensjahren in einem Zimmerterrarium, später jedoch in einem Freilandgehege
untergebracht werden. Unter einem Wärmespot
sind Temperaturen bis 40 °C angebracht, doch
Vorsicht vor Überhitzung.
Temperatur: Zwischen 18 und 28 °C sollte die
Temperatur im Terrarium erreichen.

Nahrung: Löwenzahn, Klee, Salat, Gemüse und
wenig Obst stehen auf dem Speiseplan. Von der
Fütterung von Katzen- oder Hundefutter wird
dringend abgeraten.
Winterruhe: Bis zum ersten Lebensjahr (nur
etwa vier Wochen) dann drei bis fünf Monate.
Die Temperaturen sollten in der Winterruhe
zwischen 5 und 8 °C liegen.
Eignung: Europäische Landschildkröten eignen
sich gut für Einsteiger. Es muß jedoch auf die
Artenschutzbestimmungen geachtet werden.

Sternschildkröte
Geochelone elegans

Herkunft: Asien. Die Sternschildkröte bewohnt
hohes Grasdickicht und bewaldete Gebiete in Sri
Lanka und Indien, in Westpakistan Steppen und
locker bewaldetes Hügelland.
Größe: Weibchen bis 28 cm, Männchen bis 20 cm.
Lebensweise: Tagaktiv, doch meist in den Mor-
gen- und Abendstunden unterwegs.
Verträglichkeit: Eine Gruppenhaltung ist ohne
Probleme möglich.
Haltung: Bezieht sich auf die aus Pakistan stam-
mende Art, da die Indische Sternschildkröte Pro-
bleme für den Anfänger bereiten kann. Stern-
schildkröten sollten in einem geräumigen
Trockenterrarium gepflegt werden. Grundflächen

über 1 m² sind für ein Pärchen notwendig. Ein Spotstrahler erwärmt die Sonnenplätze auf 35 °C.

Temperatur: Tagsüber sollten Temperaturen von 28 bis 32 °C herrschen, aber kühlere Plätze sollten auch vorhanden sein. Nachts kann das Thermometer auf 18 °C fallen.

Nahrung: Sternschildkröten bevorzugen viel Obst, deshalb sollte überwiegend Kürbis, Zuchini, Pfirsich, Banane usw. gefüttert werden. Zum Ausgleich können auch Wiesenkräuter, Löwenzahn und Salatsorten gereicht werden.

Winterruhe: Keine. Eine jahreszeitliche Änderung kann durch die Tageslänge geregelt werden.

Eignung: Sternschildkröten sind zwar keine generellen Anfängertiere, doch mit ein wenig Erfahrung dankbar zu halten.

Zackenerdschildkröte
Geoemyda spengleri

Herkunft: Asien. Die Zackenerdschildkröte bewohnt die nebligen Regenwälder des südlichen Chinas, nördlichen Vietnams, Laos' und der Sunda-Inseln. Da sie in einer Höhe von etwa 1000 m über dem Meeresspiegel vorkommt, ist sie starken Temperaturschwankungen vom Tag zur Nacht ausgesetzt.

Größe: Kleine Schildkröte, bis circa 16 cm Panzerlänge.

Lebensweise: Tagaktiv, jedoch stets verborgen im Dickicht und Laub des Regenwaldes.

Verträglichkeit: Paarhaltung unproblematisch.

Haltung: Diese Schildkröte sollte in einem Terrarium gehalten werden, in dem eine hohe Luftfeuchtigkeit hergestellt werden kann. Tägliches Besprühen mit Wasser und ein Bodengrund aus Laub und Moos sorgen für das nötige Klima. Auf eine Wärmequelle kann verzichtet werden, wenn eine Umgebungstemperatur von 24 °C geboten wird.

Temperatur: Tagsüber sind Temperaturen bis 24 °C ausreichend, nachts ist eine starke Absenkung auf bis 15 °C für das Wohlbefinden des Pfleglings wichtig.

Nahrung: Schnecken, Regenwürmer und Grillen werden gierig verschlungen. Manche Tiere nehmen ab und zu sogar Obst.

Winterruhe: Keine.

Eignung: Diese feuchtlebende Schildkröte ist gut zu pflegen. Wichtig ist jedoch die starke Temperaturabsenkung vom Tag zur Nacht.

Rotwangenschildkröte
Pseudemys scripta elegans

Herkunft: USA. Die Rotwangenschildkröte besiedelt die Gewässer der mittleren und östlichen
USA.
Größe: Die in ihrer Größe
oft unterschätzte Was-
serschildkröte erreicht
leicht Panzerlängen
von 28 cm.
Lebensweise: Tagaktiv, an Gewässer gebunden.
Verträglichkeit: Untereinander gut verträglich.
Können jedoch empfindlich zubeißen.
Haltung: Diese Wasserschildkröte ist sehr gut in
einem Aqua-Terrarium unterzubringen. Die beim
Kauf etwa fünfmarkstückgroßen Tiere haben
jedoch in kurzer Zeit eine beachtliche Größe erreicht. Deshalb sollte man schon beim Erwerb ein
großes Becken von 80x60 cm Grundfläche einpla-
nen, um ein Pärchen zu pflegen. Weiterhin muß
ein entsprechend starker Reinigungsfilter für das
Wasser eingebracht werden. Ein Wärmespot für
den Sonnenplatz an Land ist unumgänglich.
Temperatur: Die Lufttemperatur sollte in den
Terrarien zwischen 24 und 28 °C liegen, das Wasser um 2 °C darunter. Unter dem Spotstrahler ist
eine Temperatur bis 35 °C ideal.
Nahrung: Das Zoofachgeschäft bietet eine Palette
von verschiedenen Trockenfuttern an, auf die
unbedenklich zurückgegriffen werden kann. Weiter sind Süßwasserfisch und Garnelentrockenfut-
ter eine beliebte Abwechslung.
Winterruhe: Eine Winterruhe sollte erst bei älte-
ren Tieren durchgeführt werden. In einer mit
feuchtem Laub ausgefüllten Kiste werden die
Schildkröten zwei bis drei Monate überwintert.
Meine Rotwangenschildkröten sind das gesamte
Jahr über in einem Teich, in dem sie selbständig
die Wintermonate überdauern.
Eignung: Rotwangenschildkröten sind für Einsteiger ideale Reptilien. Doch sollte man beim Erwerb
an die Größe der erwachsenen Tiere denken.
Hinweis: Rotwangenschildkröten reagieren empfindlich auf Zugluft. Sie sollten Ihre Tiere deshalb
an geschützte Plätze stellen, damit keine gesundheitlichen Schäden entstehen.

Färberfrosch, Pfeilgiftfrosch
Dendrobates tinctorius

Herkunft: Südamerika. Der, in Größe und Aussehen sehr variable Frosch, bewohnt das gesamte
Guyana und das angrenzende Brasilien. Er ist
hier fast ausschließlich nur auf dem Boden anzutreffen (Bodenbewohner).
Größe: Maximale Gesamtlänge von 35 bis 70 mm,
je nach Vorkommen.
Lebensweise: Tag- und Dämmerungsaktiv.
Verträglichkeit: Eine ideale Haltung ist paarweise gegeben, doch können auch mehrere

Exemplare zusammen gepflegt werden, wenn die Größe des Behälters dies zuläßt. Mit anderen Arten ist eine Vergesellschaftung am besten mit *Dendrobates-quinquevittatus-*Arten möglich, da diese Baumbewohner nur selten auf den Boden steigen. Der Pfleger sollte sich nach Berührung der Tiere immer die Hände waschen. Pfeilgiftfrösche können Reizungen der Haut, Augen und Schleimhäute hervorrufen.

Haltung: Die Pfeilgiftfrösche sollten in einem Becken gepflegt werden, das mindestens die Maße 30 x 30 cm Grudfläche besitzt (ein Pärchen). Ein kleiner Wasserteil und häufiges Besprühen mit Wasser sorgen für die nötige Luftfeuchtigkeit. Die Terrarien können hervorragend mit Orchideen, Bromelien, Farnen und Rankpflanzen eingerichtet werden.

Temperatur: Das Temperaturbedürfnis der Tiere liegt am Tag zwischen 23 und 25 °C und sollte 28 °C keinesfalls überschreiten. Nachts ist Zimmertemperatur ausreichend.

Nahrung: Überwiegend werden Drosophila von den kleinen Fröschen verspeist, doch auch Springschwänze und Wachsmotten können den Speiseplan abwechslungsreich gestalten.

Winterruhe: Keine.

Eignung: Pfeilgiftfrösche eignen sich recht gut für Einsteiger. Es ist jedoch zu berücksichtigen, daß diese kleinen Lebewesen nur etwas zum Hinschauen und Bewundern sind, also nichts zum Anfassen. Für Kinder somit nicht zu empfehlen.

Tomatenfrosch
Dyscophus antongillii

Herkunft: Madagaskar. Der Tomatenfrosch bewohnt die schlammigen Wassergräben an den Küsten des nordwestlichen Madagaskars.

Größe: Weibchen werden mit bis zu 11 cm bedeutend größer und massiger als die nur bis 7 cm erreichenden männlichen Frösche.

Lebensweise: Tag- und Dämmerungsaktiv.

Verträglichkeit: Diese, zu den Engmaulfröschen gehörenden, Frösche sind untereinander verträglich und können zu mehreren Tieren zusammen gehalten werden.

Haltung: Tomatenfrösche benötigen für die artgerechte Pflege ein immer feuchtes, warmes Biotop. Schlammiges Bodensubstrat ist für diese Froschart ideal.

Temperatur: Tagsüber sollten die Temperaturen um die 28 °C liegen, jedoch nicht wesentlich höher. Nachts sind Temperaturen um 23 °C ausreichend.

Nahrung: Dieser Vielfraß verschlingt eigentlich alles, was vor sein Maul kommt. Fliegen, Heimchen, Grillen, Heuschrecken, Regenwürmer, Schnecken und Babymäuse werden gierig verschlungen.

Winterruhe: Keine.

Eignung: Für den Einsteiger ein hervorragender Pflegling.

Junge Kornnattern werden regelmäßig von Menschenhand nachgezogen.

Wasser, Wüste oder Regenwald

Bevor man sich für bestimmte Reptilien entscheidet, sollte zuerst gründlich geprüft werden, wie das Terrarium eigentlich aussehen und welches Klima bevorzugt wird. Sie sollten sich also nach dem Tier und seinen Ansprüchen richten und nicht das zukünftige Tierheim so einrichten, wie es Ihnen als Pfleger gefällt. Entscheiden Sie sich also für in Wasser lebende Reptilien oder Amphibien, so sollten Sie auch die richtige Technik (Aqua-Terrarium, Reinigungs-filter, Wasserheizung etc.) berücksichtigen. Sollte es ein Wüstenterrarium sein, so ist beispielsweise dafür Sorge zu tragen, daß eine ausreichende Wärme im Becken erzielt werden kann, und daran zu denken, daß Wüsten-terrarien für viele Menschen nicht so dekorativ wirken, wie ein Terrarium mit Orchideen und Regenwaldklima.

Das geeignete Terrarium

Als Einsteiger in die Terraristik rate ich jedem davon ab, aus Kosten- oder anderen Gründen auf ein selbstgebautes Terrarium zurückzugreifen. Das erste Terrarium sollte den Ansprüchen des neuen Pfleglings gleich von Anfang an gerecht werden. Die Terrarien, die man im Zoofachhandel erwerben kann, entsprechen zumeist diesen Ansprüchen, und in seriösen Zoofachgeschäften wird man außerdem gut beraten. Beispielsweise sind Terrarien, die aus Holz gefertigt sind, nur für Wüsten- beziehungsweise Steppen-klima geeignet, da Wasser das Holz sofort aufweicht oder Schimmel ansetzen läßt.

Größe und Standort

Die Größe ist ein weiterer wichtiger Punkt, auf den geach-tet werden muß. So unterliegt die Terraristik gesetzlichen Bestimmungen, die Mindestgrößen für die Behälter vor-schreiben (Informationen bei der DGHT, siehe Seite 61). Auch der Stellplatz des Terrariums in der eigenen Wohnung sollte gründlich durchdacht sein, denn bei größeren Echsen, Schlangen oder Schildkröten kann es zu Geruchsbelästigungen kommen.

Tip!

Erst sollten Sie das Terrarium erwerben, einrichten und über einige Zeit hinweg auf das richtige Klima einstellen, erst dann ist an den Kauf der Tiere zu denken.

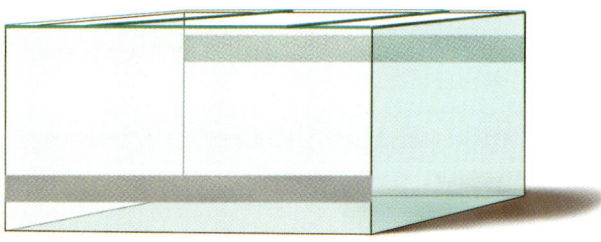

Es empfiehlt sich, Terrarien zu wählen, die an der Frontseite unten und an der Rückwand oben jeweils eine Lüftung haben. So kann die Luft im Terrarium gut zirkulieren.

Wärme und Licht

In den letzten Jahren entwickelt sich auch die Technik rund um die Terraristik immer mehr zugunsten der Pfleglinge. Ein Angebot zahlreicher verschiedener Wärmelampen, Heizkabel, UV-Röhren, Heizsteine und Heizmatten hat die Pflege und Haltung von Reptilien und Amphibien wesentlich vereinfacht. Doch auch hier sollte man sich wieder zuerst an den Bedürfnissen der Tiere orientieren.

Empfehlenswert ist es beispielsweise, in der Terrarienanlage, Licht und Wärme zu koppeln. So benutzt man keinerlei Heizmatten oder Heizkabel, sondern läßt die Wärme, nach Vorbild der Natur, von oben kommen. Ein Spotstrahler (Wattstärke wahlweise) erwärmt die Sonnenplätze der Tierchen und nach gewisser Zeit auch die Umgebung im Terrarium. Neu auf dem Markt erschienene Halogen-Strahler erzielen eine noch intensivere Licht- und Wärmeausbeute als die herkömmlichen Spotstrahler.

Des weiteren können Sie als Lichtquelle Neonröhren benützen, die im Zoofachhandel mit einem der Sonne ähnlichen Lichtspektrum zu erwerben sind. Diese Röhren spenden zusätzlich das für unsere Tiere so wichtige UV-Licht. Bestimmte Echsen und Schlangen haben allerdings die schlechte Angewohnheit, auf den Wärmestrahler zu steigen oder zu schlängeln, deshalb sollten diese entweder für die Tiere unerreichbar oder durch ein Gitter geschützt installiert werden.

Tip!

Sie wohnen sicherlich auch lieber in einer großen Wohnung oder in einem großen Haus. Den Tieren geht es genauso. Deshalb lieber ein zu großes Terrarium kaufen, als die Tiere beengt unterbringen.

„In den ersten Tagen in meinem neuen Terrarium bin ich oft sehr scheu. Mach Dir deshalb keine Sorgen, bald habe ich mich eingewöhnt.“

Kostenaufwand

So mancher Terrarianer wurde schon durch seine Strom-
rechnung zur Aufgabe dieses schönen Hobbys gezwungen.
Deshalb sollte jeder Einsteiger eine Kostenbilanz aufstel-
len, die ein Terrarium und seine Insassen verursachen.
Nicht nur die Anschaffung (Terrarium, Einrichtung, Technik und nicht zu vergessen das oder die Tiere) sollten in
einer solchen Bilanz erscheinen. Beispielsweise können die
Futterkosten so manchen Schülergeldbeutel überschreiten. Auch der schon angesprochene Strom ist ein nicht zu
unterschätzender Kostenaufwand, und auch mögliche
Tierarztkosten sollten berücksichtigt werden.

Zeitbedarf

Der Zeitbedarf ist nach der Einrichtung des neuen Repti-
lien-Heims relativ gering im Vergleich zu anderen Haustie-
ren. Selbstverständlich kommt es auf jeden Pfleger selbst
an, wieviel Freizeit er seinen Tieren opfert. Doch zumeist
bleibt es beim regelmäßigen Füttern und dem Beobachten
der Tierchen. Die Reinigung der Terrarien hängt natürlich
von seinen Insassen ab und sollte in einen Zeitplan mit-
eingerechnet werden.

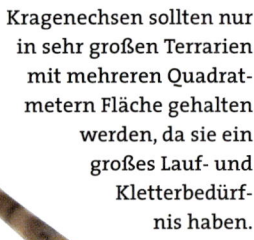

Kragenechsen sollten nur
in sehr großen Terrarien
mit mehreren Quadrat-
metern Fläche gehalten
werden, da sie ein
großes Lauf- und
Kletterbedürf-
nis haben.

Wohin im Urlaub?

Der Urlaub stellt viele Haustierpfleger vor scheinbar un-
lösbare Schwierigkeiten. Der Hund oder die Katze kann
ja noch in den Urlaub mitfahren oder -fliegen. Doch
wer nimmt schon gerne und
mit gutem Gewissen seine
Kragenechse mit an den
Urlaubsort?

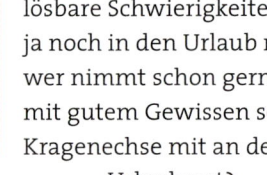

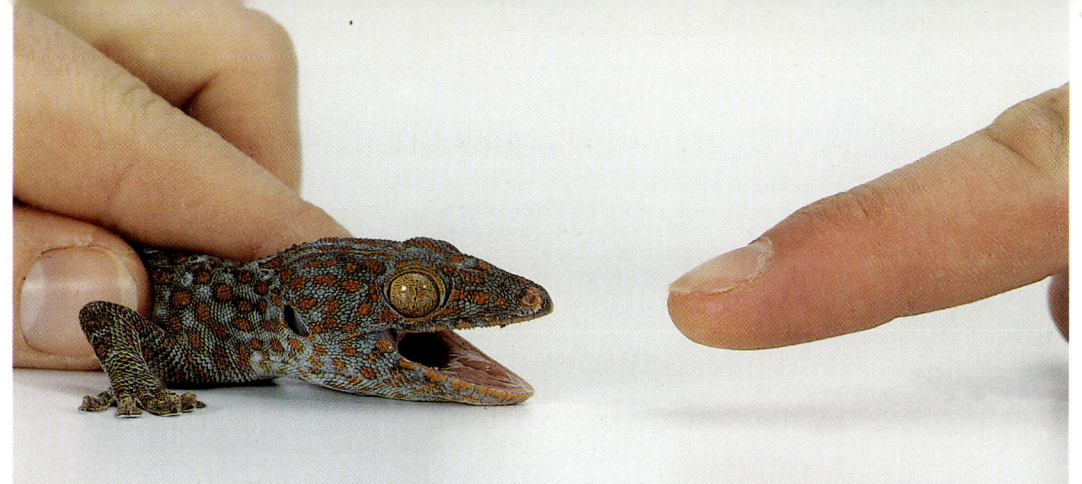

Terrarien geben jedoch dem Pfleger weniger Probleme auf als manch anderes Haustier. Der einfachste Weg ist die Suche nach einem Terrarienfreund, der die eigenen Tiere mitversorgt. Sollte ein solcher Freund nicht vorhanden sein, ist das Zoofachgeschäft die nächste Adresse, an die man sich wenden kann. Hier können die Tierchen meistens für die Länge des Urlaubs beherbergt werden.

Eine andere Alternative (nur für kleine Urlaube bis zwei Wochen) ist eine kleinere Ruhepause der Tiere. Eine Schlange benötigt beispielsweise nicht jede Woche Futter und ist somit leicht für diese Zeit unbeaufsichtigt zu lassen.

Auch bestimmte Echsen und Frösche können mit zuvor ausreichender Futtergabe mehrere Tage überstehen. Übrigens – mit weniger Wärmezufuhr verbraucht ein Reptil auch weniger Energie und benötigt so nur wenig oder kein Futter.

Tokees sind oft nur mit Abstand zu genießen. Denn schon bei der kleinsten Berührung beißen sie kräftig zu.

Tips für die Anschaffung

Der Kauf der Pfleglinge

Bevor der neue Pflegling gekauft wird, muß das Terrarium über ein paar Tage eingerichtet und auf die richtigen Verhältnisse eingestellt sein. Erst wenn alle Faktoren, die das Tier benötigt, erfüllt sind, sollten Sie den neuen Freund oder die neuen Freunde erwerben.

Wichtig!

Eine zu geringe Temperatur schadet den Tieren auch, deshalb nur so stark absenken, wie es die Tiere in ihrer Heimat an kühlen Tagen gewohnt sind.

Die Tiere benötigen beim Transport die richtige Temperatur, damit sie keine Erkältung oder Überhitzung bekommen. Deshalb sollten Sie das richtige Zubehör beim Transport verwenden: Eine Transportbox mit Wärmflasche in einer Kiste sorgt für ein gutes Ankommen im neuen Heim.

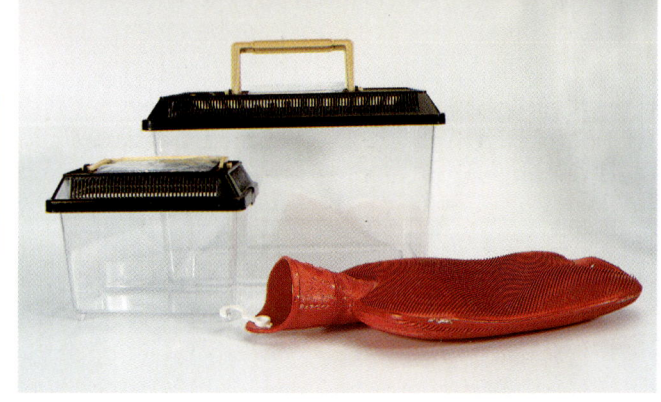

Hinweise für den Kauf

- Erkundigen Sie sich vor der Anschaffung, ob es sich bei der Wahl um ein geschütztes Tier handelt und der Erwerb erlaubt ist.
- Der geeignete Zeitraum für den Kauf ist von Mai bis September (Zeitraum der Winterruhe beachten).
- Entscheiden Sie sich für ein möglichst lebhaftes Tier, und wählen Sie kein teilnahmsloses Terrarientier. Entweder ist das Tier auf Winterruhe eingestellt oder erkrankt.
- Kaufen Sie kein Tier, das gerade erst aus dem Winterschlaf erwacht ist. Vielleicht wurde es mit einem leichten Gesundheitsschaden eingewintert, was sich erst einige Wochen nach dem Erwachen richtig zeigt.
- Das Tier sollte mit gutem Appetit fressen.
- Der Kot sollte fest und geformt sein.

Woher man Terrarientiere bekommt

Beim Kauf sollte schon im Vorfeld sorgfältig geprüft werden, aus welcher Hand das Tier bezogen wird. Leider gibt es immer wieder „schwarze Schafe" unter den Händlern und Züchtern, die nur auf die schnelle Mark achten, anstatt auf das Wohlbefinden der Reptilien und Amphibien.

Kaufen Sie also Ihr Tier oder Ihre Tiere nur bei Zoofachhändlern oder erfahrenen Züchtern, die einen seriösen Eindruck hinterlassen und die auch über ihre angebotenen Lebewesen Auskunft und Rat geben können. Darauf sollten Sie achten: Erhalten Sie eine gute Beratung und

Wichtig!

Lassen Sie sich beim Kauf viel Zeit und beobachten Sie das Tier sorgfältig. Suchen Sie den Zoofachhändler nach einigen Tagen nochmals auf und kontrollieren, ob es dem Reptil immer noch gut geht. Dann können Sie Ihren neuen Freund beruhigt kaufen.

können Sie die Herkunft der Tiere nachvollziehen? Denken Sie beim Kauf eines geschützten Tieres an die Übergabe der CITES-Papiere bzw. der Zuchtbescheinigung. Gepflegte und saubere Ausstellungsterrarien müssen höchste Priorität haben, denn aus artgerechten und hygienisch einwandfreien Becken kommt nur selten ein Kandidat für den Tierarzt. Ein zukünftiger Freund aus einer Nachzucht ist meistens einem Wildfang vorzuziehen.

Gesunde Terrarientiere erkennen

Besonders bei der Auswahl des Tieres sollten Sie nichts übereilen. Nehmen Sie sich die Zeit, das Tier genau zu beobachten, und achten Sie dabei auf einige Merkmale, die in dem nebenstehenden Kasten aufgeführt sind, damit Sie kein krankes Tier bekommen.

Artenschutzbestimmungen

In den letzten zwei Jahren sind zusätzlich zu den Artenschutzbestimmungen von 1987 weitere Bestimmungen hinzugekommen. Vor allem die Mindestanforderungen an die Haltung von Reptilien vom 10. Januar 1997 stellen größere Ansprüche an den Pfleger, geben aber auch wertvolle Haltungsanweisungen an die Terrarianer weiter.

Deshalb ist jedem zukünftigen Pfleger von Reptilien zu raten, sich dieses Gutachten zu besorgen, welches bei der DGHT (siehe Seite 61) zu erwerben ist. Beim Kauf Ihrer Tiere verlangen Sie vom Verkäufer die notwendigen Papiere (CITES), sollten diese nicht vorliegen, lassen Sie die Tiere am besten dort wo sie sind.

Weitere Informationen über den gesetzlichen Schutz von Reptilien können Sie bei Ihrer zuständigen Behörde oder bei der DGHT erfragen. In diesem Buch möchte ich keine weiteren Angaben über den gesetzlichen Schutz machen, da viele Gesetze zur Zeit in Veränderung sind.

Gesundheits-Checkliste

- Bewegt es sich richtig?
- Hat es Haut- oder sogar Muskelverletzungen?
- Sind Nase und Augen frei von Schleim oder Verkrustungen?
- Ist der Kot dünnflüssig oder fest?
- Ist das Tier kräftig oder zeigt es eingefallene Muskeln und macht die Knochen sichtbar?
- Liegt das Tier apathisch in einer Ecke oder springt es aktiv herum?

Dornschwanzagamen werden oft angeboten, sind jedoch in der Haltung nicht ganz einfach.

Haltung und Pflege

Die Haltung und Pflege von Reptilien und Amphibien stellen den zukünftigen Terrarianer vor eine Aufgabe, die mit Sorgfalt und Gründlichkeit erledigt werden sollte. Sie dürfen bei diesen Tierchen nie vergessen, daß Sie es mit Lebewesen zu tun haben, die genau wie der Mensch Leid und Schmerz fühlen können.

Das Terrarium

Wie richte ich mein Terrarium ein?

Terrarien sollten immer den Ansprüchen des jeweiligen Pfleglings genüge tragen, deshalb erst informieren und dann einrichten. Bei der Einrichtung des Terrariums ist weniger meist mehr Lebensqualität für das Tier. Die Terrarien sollten nie überladen sein und unsere Pfleglinge im Bewegungsdrang beeinträchtigen. Sie sollten den Tieren auch genügend Versteckmöglichkeiten und Rückzugsplätze bieten. Das Terrarium muß jedoch auch so ausgestattet sein, daß der Pfleger eine entsprechende Hygiene herstellen kann. Tieren, die gerne klettern, müssen dementsprechend hohe Terrarien mit Kletterästen angeboten werden. Mit der Befestigung von Korkplatten oder selbstgestalteten Rück- und Seitenwänden kann die Aktivitätsfläche um das Vielfache erhöht werden. Steinaufbauten müssen so gestaltet sein, daß sie nicht durch scharfe Kanten oder Einsturzgefahr die Insassen gefährden können.

Chamäleons haben mit ihren beweglichen Augen die Möglichkeit, in verschiedene Richtungen gleichzeitig zu schauen.

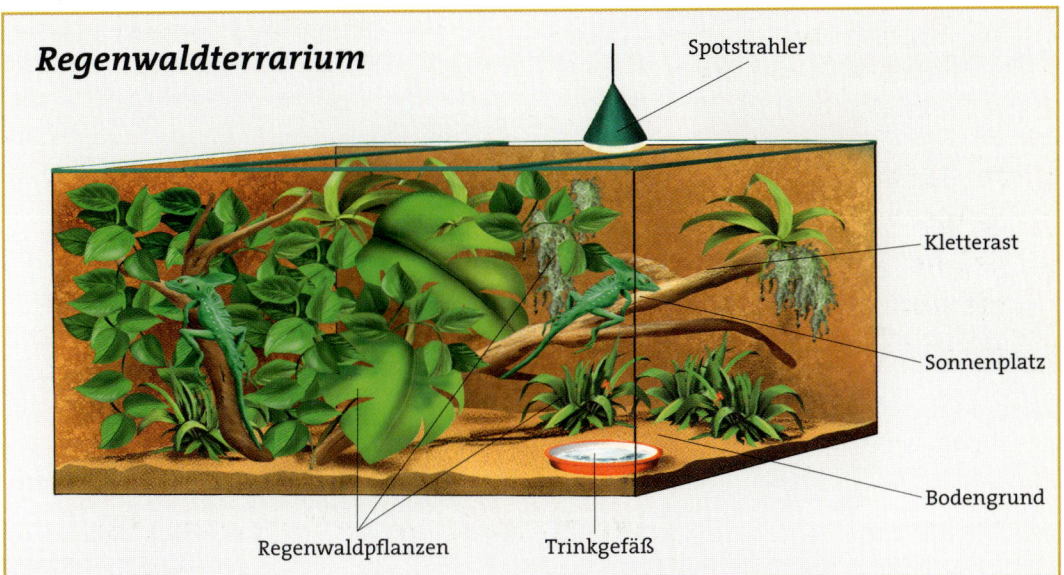

Regenwaldterrarium

Spotstrahler

Kletterast

Sonnenplatz

Bodengrund

Regenwaldpflanzen

Trinkgefäß

Aufwärmzonen (Sonnenplätze mit Hilfe von Spotstrahlern), aber auch kühlere Stellen im Becken sollten den Tieren zur Auswahl gestellt werden.

Das Regenwaldterrarium

Das Regenwaldterrarium läßt sich im Vergleich zu den anderen Terrarientypen am ansprechendsten gestalten. Vor allem die zahlreichen Pflanzen, wie Orchideen, Epiphyten und Bromelien, geben den Eindruck eines winzigen Ausschnittes aus den Regenwäldern unserer Erde. Pflanzwände (beispielsweise Kokosfasermatten) lassen sogar die Bepflanzung an den Rück- und Seitenwänden zu. Sonnenbadende Reptilien müssen auch in diesem Terrarientyp die Möglichkeit erhalten, auf einem exponierten Platz Wärme und Licht durch einen Spotstrahler zu tanken.

Wichtig bei diesen Regenwaldterrarien ist das notwendige Naß. Die aus den Regenwäldern stammenden Tiere haben oft das Bedürfnis Wasser aufzusuchen, um zu trinken oder ein Bad zu nehmen. Deshalb sollte ein größeres Gefäß, gefüllt mit Wasser, im Reptilienheim nicht

Das Jemen-Chamäleon ist ein sehr guter Kletterer. Jedoch läuft es fast immer in Zeitlupe, außer es gibt etwas zu fressen – dann kann es ziemlich schnell sein.

fehlen. Mehrmals tägliches Besprühen mit Wasser oder die Installation einer Vernebelungs- beziehungsweise Beregnungsanlage sind für das Klima in den Becken von großer Wichtigkeit.

Die weitere Einrichtung ist abhängig von den jeweiligen Tierchen, die das Terrarium später beziehen sollen. Kletteräste, robuste Pflanzen und ein Bodensubstrat aus Rindenmulch oder Torf sind für größere kletternde Reptilien zu empfehlen. Froschterrarien können hingegen mit zierlicheren Pflanzen und Ästchen gestaltet werden.

Das Wüsten- und Steppenterrarium

Das Wüsten- oder Steppenterrarium kann mit den verschiedensten Materialien eingerichtet werden, da kaum Wasser das Dekorationsmaterial (durch Auflösen oder Schimmel) angreifen kann. Korkrückwände oder selbstgestaltete Rück- und Seitenwände aus Styropor oder PU-Schaum mit aufgetragenem Wandputz geben den Tieren eine zusätzliche Grundfläche zum Klettern und ein natürlich erscheinendes Heim.

Der Bodengrund
Ein Bodengrund aus Sand und Lehm im Verhältnis zwei zu eins erfüllt bei den meisten Tieren die jeweiligen Ansprüche. Der Sand sollte nicht zu fein sein, zu empfehlen ist beispielsweise gewaschener Flußsand, der in Baumärkten als Spielsand angeboten wird. Durch Steinplatten ist für Schildkröten ein fester Untergrund zu schaffen, der vor allem zur besseren Fortbewegung dient.

Die Einrichtung
Wurzeln, Äste und Steine lassen sich hervorragend in das Terrarium einarbeiten und geben den Tieren somit Versteck-, Kletter- oder Sonnenmöglichkeiten. Es sollte bei der Einrichtung des Wüsten- oder Steppenterrariums jedoch nicht vergessen werden, einen Wassernapf aufzustellen. Denn auch trockenlebende Reptilien sind auf eine geringe Wasseraufnahme angewiesen.

Einrichten eines Wüstenterrariums

1. Wählen Sie ein Terrarium aus, das dem Größenverhältnis der Tiere entspricht. Für ein Wüstenterrarium ist eine Länge von 100 cm, eine Breite von 60 cm und eine Höhe von 50 cm geeignet. Bei kletternden Tieren sollten höhere Becken genommen werden.

2. Die Wärmestrahler auf eine Seite des Terrariums installieren, so daß eine Hälfte kühler ist als der Sonnenplatz.

3. Der Bodengrund ist abhängig von den Tieren, die in das Reptilienheim einziehen werden. Bei Schildkröten muß dieser nämlich fester sein als bei Echsen oder Schlangen. Der Bodengrund wird dann auf dem Terrarienboden verteilt und kann an manchen Stellen leichte Anhöhen und Senken ergeben.

4. Steine und Wurzeln geben dem Terrarium einen natürlichen Anblick. Hier ist es deshalb Ihnen überlassen, welche Materialien Sie wählen. Achten Sie jedoch darauf, daß die Aufbauten stabil aufgeschichtet werden, damit keine Einsturzgefahr droht.

5. Der Futter- und Trinkplatz von Schildkröten sollte sich nicht in der Nähe der Wärmelampen befinden, da sonst das Futter schnell verdirbt.

6. Pflanzen eignen sich in dem Wüstenklima nur bedingt. Doch manche Kakteen, Zierspargelsorten und Dickblattgewächse lassen sich gut integrieren und halten diesem extremen Klima stand.

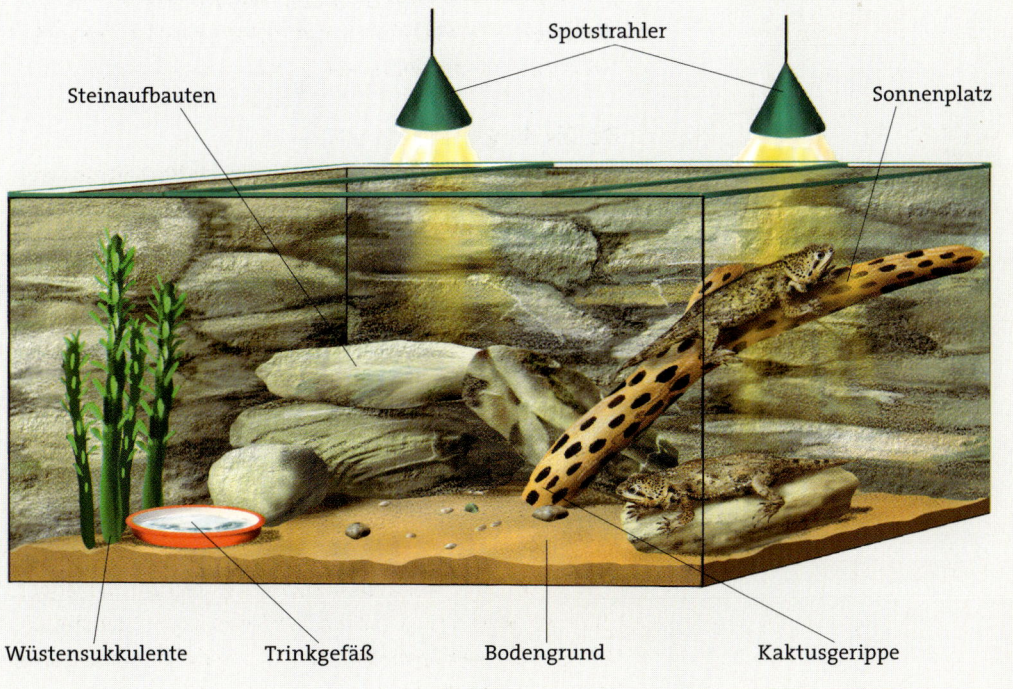

Spotstrahler

Steinaufbauten

Sonnenplatz

Wüstensukkulente   Trinkgefäß   Bodengrund   Kaktusgeripppe

Das Aquaterrarium

Das Aquaterrarium ist so zu gestalten, daß die Elemente Wasser und Erde sich etwa die Waage halten. Den Tieren muß ermöglicht werden, sowohl den Wasser- als auch den Landteil problemlos zu erreichen. Mit Hilfe von Steinen, Wurzeln, Ästen und Kork kann der Ein- und Ausstieg erleichtert werden.

Verschiedene Wasserhöhen im Aquaterrarium sollten den Tieren angeboten werden, doch auch hier kommt es wieder auf die jeweilige Tierart an. Trockenplätze zum Sonnen sind beispielsweise für die Rotwangenschildkröte ein wichtiges Kriterium zur erfolgreichen Pflege.

Hänge-, Sumpf- und Wasserpflanzen verleihen dem neuen Becken ein natürliches Aussehen. Das Wasser sollte mit einem herkömmlichen Stabheizer für Aquarien versehen, der Sonnenplatz kann wiederum mit einem Spotstrahler beschienen werden. Wichtig ist die Installation von Filteranlagen zur Reinigung des Wassers. Gerade Wasserschildkröten verunreinigen ihr Biotop recht stark, so daß bei ihnen nicht auf eine Filteranlage verzichtet werden kann. Bei der Pflege bestimmter Schlangen- oder Echsenarten ist eine solche Anlage oft nicht notwendig.

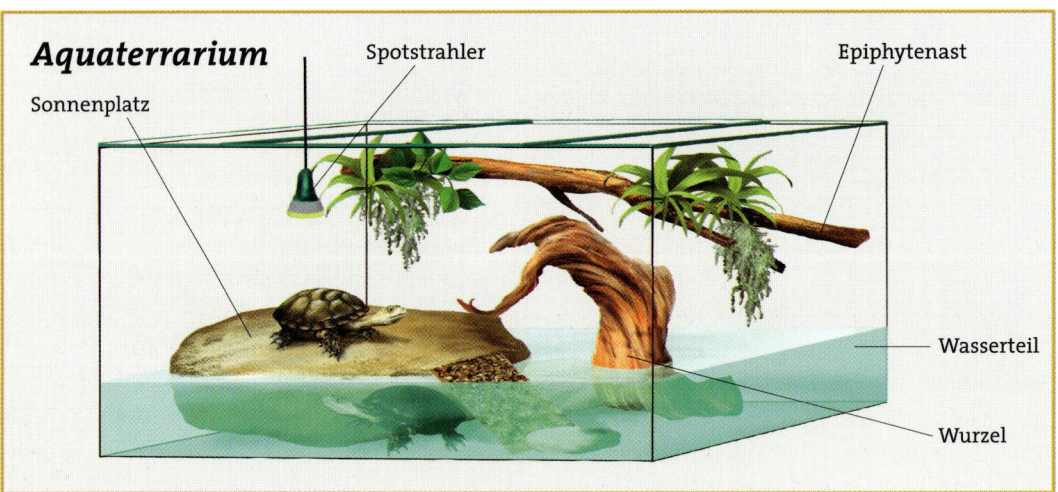

Aquaterrarium

Sonnenplatz · Spotstrahler · Epiphytenast · Wasserteil · Wurzel

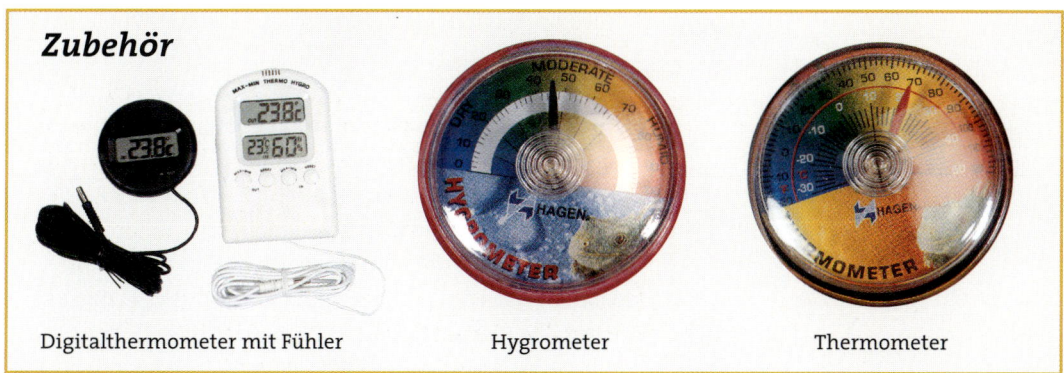

Zubehör

Digitalthermometer mit Fühler　　　　　Hygrometer　　　　　Thermometer

Der Bodengrund

Der Bodengrund richtet sich ganz nach den Insassen im Terrarium. Bei Wüsten- und Steppentieren empfiehlt es sich, Flußsand mit Lehm zu mischen. Bei manchen Tierarten, wie Waranen, Agamen und kleinen Leguanen aus Wüstenregionen, ist auf die Zugabe von Lehm zu verzichten.

Bei Landschildkröten hingegen ist ein Bodengrund zu wählen, der eine gewisse Festigkeit erreicht. Lehm, Gartenerde (ungedüngt) und Schiefersteinplatten sind für diesen Zweck ideal.

Regenwaldterrarien können mit den verschiedensten Bodensubstraten ausgestattet werden. Rindenmulch ist für die Pflege von Waranen, großen Leguanen und Basilisken ein bewährter Bodengrund. Blumenerde ist für die Bepflanzung das beste Substrat. Weiterhin eignet sich bei manchen Terrarien und Insassen feiner bis grober Kies, Buchenholzspäne, Hobelspäne, Kokosfasernsubstrat und spezieller Torf für die Froschhaltung.

Größe und Form meines Terrariums

Terrarien können in den verschiedensten Größen und Formen im Fachhandel erworben werden. Oft hat man auch die Möglichkeit, sein Terrarium individuell anfertigen zu lassen, so daß es in eine kleine Nische im Wohnzimmer

Jedes Terrarium sollte mit Thermometer und Hygrometer ausgestattet sein.

Tip!

Fast alle käuflich zu erwerbenden Erden sind gedüngt und können unseren Pfleglingen gefährlich werden. Erkundigen Sie sich daher sorgfältig bei Ihrem Zoofachhändler.

oder sogar in einen Schrank paßt. Die Terrarienform kann völlig beliebig ausgewählt werden. Ob ein rechteckiges, quadratisches, dreieckiges oder sogar Panorama-Becken, viele Formen lassen sich für die Tiere artgerecht einrichten.

Die Größe des Terrariums stellt jedoch besondere Ansprüche. Das Becken darf auf keinen Fall zu klein für die Insassen sein. Es sollte ermöglichen, daß sich die Tiere verstecken und sonnen, wärmere und kühlere Zonen aufsuchen und feuchtere und trockenere Stellen finden können. Ein Terrarium, das zu klein ist, erfüllt diese Kriterien nur selten. Weiterhin muß sich der zukünftige Halter von Reptilien nach den Mindestanforderungen an die Haltung von Reptilien richten. Diese sind bei der DGHT e.V. (siehe Seite 61) zu erfragen. In der Regel sollte die Größe des Terrariums etwa die fünffache Länge, dreifache Breite und vierfache Höhe der Kopf-Rumpf-Länge der Echse betragen.

Das Schlangenbecken sollte etwa 1,0 x 0,5 x 0,5 der Gesamtlänge des Tieres sein. Das Schildkrötenterrarium ist für die verschiedenen Arten recht unterschiedlich in der Größenanforderung. Die Länge sollte etwa fünf- bis zehnmal die Größe der Schildkrötenpanzerlänge haben, die Breite etwa die Hälfte vom Längenmaß. Generell sollten aber sämtliche Größenanforderungen überschritten werden.

Epiphytenäste lassen sich in feuchten Terrarien gut pflegen.

Pflanzen im Terrarium

Die Bepflanzung in den Terrarien stellt oft eine Herausforderung an den Terrarianer dar. Viele Pflanzen eignen sich nicht für Terrarien, da die Ansprüche der Pflanzen oft nicht erfüllt werden können. Zu wenig Licht, zu viel Wärme, zu trocken, zu naß und Verletzungen der Blätter durch die Tiere sind nur einige Gründe, die zum Verkümmern der Pflanzen führen. Außerdem kann man den Pflanzen keine Nährstoffe in Form von Dünger geben, da dieser den Tieren schadet und bis zum Tod führen kann.

Zwergpalme
(Chamaerops humilis)

Dickblättrige Fetthenne
(Sedum dasyphyllum)

Ananas
(Ananas camosus)

Walzen-Wolfsmilch
(Euphorbia myrsinites)

Mexikanischer Warzenkaktus
(Mammillaria rhodantha)

Großer Feigenkaktus
(Opuntia maxima)

Pflegeanleitung für Terrarienpflanzen

Tropische Pflanzen für Regenwaldterrarien

- Tägliches Besprühen mit Wasser.
- Zwei- bis dreimal die Woche ausreichend gießen, jedoch auf Staunässe achten.
- Gedüngt werden darf wegen der Vergiftungsgefahr der Tiere nicht, doch die Pflanzen erhalten erfahrungsgemäß ausreichend Dünger durch den Kot der Tiere.
- Sollten sich Läuse oder ähnliche Parasiten zeigen, nicht behandeln, besser eine neue Pflanze kaufen.

Tropische Pflanzen für Wüsten- und Steppenterrarien

- Einmal die Woche die Bodenfeuchtigkeit prüfen.
- Erst gießen, wenn der Boden richtig trocken ist, und auch nicht zu viel, da die Pflanzen durch die hohen Temperaturen schnell Wurzelfäule bekommen.
- Auch bei diesen Pflanzen sollte auf das Düngen verzichtet werden.

Empfehlenswert ist beispielsweise die Birkenfeige *(Ficus benjamini)*, die vor allem für feuchtere Becken geeignet ist, aber auch die Nachahmung von Trockenwäldern verträgt. Die Birkenfeige ist wohl die robusteste Pflanze, die dieses Terrarienklima am ehesten akzeptiert. In dem nachfolgenden Portraitteil werden noch weitere Pflanzen vorgestellt, die für die verschiedenen Terrarien in Frage kommen.

Das fressen Terrarientiere
Die richtige Ernährung

Wie auch der Mensch nicht jeden Tag das gleiche Essen zu sich nimmt, sollte auch unsere Echse, Schlange oder Schildkröte nicht jeden Tag das gleiche vorgesetzt bekommen. Deshalb ist das höchste Gebot bei der Fütterung der Tiere, möglichst abwechslungsreich zu füttern.

Bietet man nämlich den Pfleglingen eine abwechslungsreiche Kost an, so wird ein großer Teil der wichtigen Vitamine und Mineralien, die Reptilien für ihr Wohlbefinden benötigen, gedeckt. Schildkröten erhalten demnach nicht jeden Tag Salat.

Der Speiseplan einer Landschildkröte sollte die verschiedensten Wiesenkräuter, Löwenzahn, Kohlsorten und in geringer Menge auch Obst aufweisen. Von der Verfütterung von Hunde- oder Katzenfutter wird dringend abgeraten.

Mit Pinzetten können manche Reptilien hervorragend gefüttert werden.

Dies gilt nicht nur für Landschildkröten, sondern auch für Echsen und hier speziell für Warane. Das fette Futter, das auf die Ernährung von Katzen und Hunden abgestimmt ist, richtet bei Reptilien großen Schaden an. Echsen erhalten zum überwiegenden Teil Insekten. Der hohe Protein- und Chitingehalt ist das ausgewogenste Futter, das die Echsen erhalten können. Viele Echsenarten fressen auch mit Vorliebe Babymäuse oder Rinderherz, doch obwohl diese Futterart auch für uns Menschen am bequemsten erscheint, sollte nicht zu oft darauf zurückgegriffen werden. Reptilien neigen nämlich dazu, relativ schnell zu verfetten und somit anfällig für Krankheiten zu werden (vor allem Schäden an Leber und Niere können die Folge sein). Bei Waranen beispielsweise sollte hin und wieder die Zufütterung von Mäusen und Rinderherz nicht fehlen, doch anschließend ist eine Futterpause von fünf bis sieben Tagen angebracht.

Schlangen hingegen erhalten fast nur Nagetiere als Nahrung, abgesehen von einigen Futterspezialisten, wie die Strumpfbandnatter. Doch auch sie sollte nur mäßig gefüttert werden. Eine Schlange benötigt viel Zeit, um ihre aufgenommene Nahrung zu verdauen, diese Zeit, sollte ihr auch gelassen werden. Ausgewachsene Exemplare erhalten oft in ihrer Aktivitätsphase nur alle zwei bis vier Wochen Futter, und auch Babyschlangen sollten nur einmal die Woche gefüttert werden.

Auch bei der Fütterung von Fröschen sollte das Futter so ausgewählt werden, daß es eine dem Frosch gegenüber angemessene Größe hat. Kleinen Babyfröschen kann man also keine großen Heimchen verfüttern. Im Gegenteil, Heimchen sehen unseren Frosch dann als Nahrung an und werden eine Gefahr für ihn.

Pflanzliche Nahrung

Pflanzliche Nahrung wird vor allem von Landschildkröten und Dornschwanzagamen gierig

Wichtig!

Die Nagetiere, die als Futtergabe zur Auswahl stehen, sollten mit der Schlangengröße im richtigen Verhältnis stehen. Wählen Sie somit Futtertiere, die für die Babyschlange und auch für die ausgewachsenen leicht zu verschlingen sind.

„Ich liebe abwechslungsreiches Futter, am besten probierst Du alles mal aus. Wenn es mir nicht schmeckt, spucke ich es wieder aus."

Erprobter Menüplan

für die Landschildkröte

Täglich
- Jungtiere und Erwachsene vormittags Wildkräuter und etwas Gemüse
- Jede Mahlzeit gut mit geriebener Eier- oder Sepiaschale bepudern
- Frisches Wiesenheu
- Frisches Wasser

Zweimal wöchentlich
- Futterergänzungsmittel wie Mineralsalzpräparate

Wöchentlich
- Ein wenig Obst
- Unbedingt plötzliche Futterumstellung vermeiden. Ein Fastentag pro Woche schadet den Tieren nicht.

Grillen sollten vor dem Verfüttern mit Vitamin-Mineralpräparaten bestäubt werden.

gefressen. Achten Sie jedoch darauf, daß das angebotene Futter entweder frisch oder getrocknet, aber niemals bereits angefault oder gar schimmelig ist. Viele Landschildkröten und gerade die Dornschwanzagamen bevorzugen angetrocknetes oder vertrocknetes Futter, füttern Sie deshalb ruhig einmal auf diese Art.

Das Grünfutter für die Tiere sollte in der Regel von der Wiese stammen, daß heißt, Kräuter, Gräser, Löwenzahn, Wegerich und vieles mehr. Obst und Gemüse sollten nur bedingt und wenn, nur einmal die Woche, gereicht werden.

Tierische Nahrung

Die Pfleglinge müssen sich in der freien Wildbahn ihr Futter bzw. ihre Beute selbst fangen. Dies bedeutet für den Halter, daß er die Tiere nicht vor den fertigen Tisch setzen sollte, an dem Katzen- und Hundefutter angeboten wird. Lassen Sie Ihre Tiere das Futter selbst fangen, und füttern Sie Heimchen, Grillen, Heuschrecken, Schaben, Zophobas und Wachsmotten. Diese Futtertiere versorgen Reptilien und Amphibien zum großen Teil mit den notwendigen Nährstoffen, Vitaminen und Mineralien, so daß nur wenig ergänzt werden muß.

Kleinsäuger

Die Schlangen und auch einige Echsen, wie Warane, benötigen zum Überleben Mäuse, Ratten, Kaninchen und Meerschweinchen. Es ist jedoch bei der Fütterung wichtig, daß auf die angemessene Größe geachtet wird.

Wassertiere

Schlangen, wie die Strumpfbandnatter, und einige Warane sollten mit Wassertieren gefüttert werden. Wählen Sie vor allem Rotfedern, Plötze und Karausche, also Fische aus unseren Breiten. Reptilien, die aus Süßwassergegenden kommen, sollten auch nur Süßwasserfische gereicht werden, da Meerwasserfische den Tieren schaden könnten.

Fütterungsregeln

- Ausgewogen und abwechslungsreich füttern
- Bei Vegetariern kein angefaultes und angeschimmeltes Grünfutter reichen
- Trinkwasser täglich oder mindestens alle zwei Tage wechseln
- Nichts direkt aus dem Kühlschrank füttern, auf keinen Fall gefrorene Futtertiere reichen, erst wenn sie aufgetaut sind
- Manche gefrorenen Futtermäuse müssen mit Wasser gespritzt werden, weil durch den Gefriervorgang den Futtertieren Wasser entzogen wird
- Keine lebenden Futtertiere in den Terrarien belassen
- Keine behandelten Futtermittel reichen
- Nicht überfüttern

Zophobas sind oft sehr wehrhaft, deshalb ist es ratsam die Futtertiere vor dem Verfüttern zu töten.

Brauchen meine Reptilien Vitamine und Mineralien?

Die Zugabe von Vitamin- und Mineralpräparaten ist bei der erfolgreichen Pflege von Reptilien unerläßlich. In den letzten Jahren wird im Zoofachhandel eine breite Palette an verschiedenen Vitamin- und Mineralpräpa-

Jemen-Chamäleons benötigen viele Vitamingaben im Wachstumsstadium.

raten zum Kauf angeboten. Ob als Zugabe ins Trinkwasser oder zur Bestäubung der Futtertiere beziehungsweise des Futters, fast jedes dieser Präparate erfüllt seinen Zweck, nämlich die lebenswichtige Zufütterung von Vitaminen und Mineralien.

Wichtig ist jedoch stets die richtige Anwendung dieser Produkte, denn zu viel des Guten kann unseren Pfleglingen schaden. Doch sollte jede Futtergabe auch eine Gabe von Vitaminen und Mineralien sein. Den Schildkröten mischt man beispielsweise Vitakalk oder andere Vitamin- bzw. Mineralprodukte unter das Futter. Echsen bekommen ihre Gabe mit den Futtertieren, die zuvor mit den Pulverpräparaten bestäubt werden. Bei Schlangen kommt man nicht daran vorbei, die Nagetiere vor der Verfütterung mit den Flüssigpräparaten zu spritzen.

Trink- und Badewasser immer frisch. Manchmal empfiehlt es sich, das Wasser mehrmals täglich zu wechseln.

Erprobter Pflegeplan

Täglich

- Trinkschalen sollten bei manchen Tieren täglich gesäubert werden.
- Kot „absammeln" und Grünfutterreste und tote Futtertiere entfernen.

Wöchentlich

- Einmal die Woche können Flüssigvitamine in das Trinkwasser gegeben werden.
- Bodengrund auf Verunreinigungen gründlich „absammeln".

Einmal im Monat

- Steine, Wurzeln, Äste und Einrichtungen reinigen, oft reicht schon ein Abwischen mit einem feuchten Lappen.

Terrarientiere pflegen

Die Reinigung meines Terrariums

Die Hygiene in der Terraristik ist ein nicht zu vernachlässigender Faktor, der für eine erfolgreiche Haltung dieser Tiere von großer Wichtigkeit ist. Nicht allein das Händewaschen nach dem Kontakt mit den Tieren oder ihrem Heim steht hier im Mittelpunkt.

Das Terrarium muß stets frei vom Kot der Tiere sein. Deshalb sofort wenn ein Reptil Kot abgesetzt hat, diesen mit einer kleinen Schaufel oder ähnlichem entfernen. Auch das Trinkwasser sollte mehrmals die Woche gewechselt werden. Futterreste sind zu entfernen, da diese oft Schimmel ansetzen und den Tierchen somit schaden. Generell sollte der Futterplatz stets gereinigt sein.

Der Bodengrund darf auch nicht ewig in den Terrarien verbleiben, sondern muß nach Bedarf ausgewechselt werden. Bei kleineren Echsen und Schlangen ist dies oft nur einmal im Jahr notwendig, bei Schildkröten oft mehrmals. Das gleiche gilt auch für die Einrichtungsgegenstände wie Äste, Steine, Korkrückwände und Pflanzen. Viele dieser Gegenstände müssen nicht im Müll entsorgt werden, sondern können mit Hilfe eines Hochdruckreinigers gesäubert, und anschließend wieder im Terrarium untergebracht werden.

Wichtig!

Füttern Sie keine Kräuter oder ähnliches von vielbefahrenen Straßen. Das Futter ist nämlich zu stark mit Schadstoffen belastet und schadet mehr als es hilft.

Haben Sie ein Aqua-Terrarium, ist der Einsatz einer Filter-pumpe meist nötig, um eine gewisse Sauberkeit des Wassers zu erreichen. Denn gerade über die Aufnahme von verunreinigtem Wasser infizieren sich unsere Pfleg-linge mit schädlichen Bakterien und Parasiten. Deshalb tragen Sie bei der Hygiene lieber Vorsorge, als später das Nachsehen zu haben.

Wie überwintere ich meinen Pflegling?

Die Überwinterung stellt den Anfänger, aber auch noch des öfteren den erfahrenen Terrarianer, vor größere Schwierig-keiten. Doch wenn einige Regeln eingehalten werden, ist die Überwinterung relativ leicht durchzuführen.

Bevor jedoch eine Winterruhe oder der Winterschlaf bei den Tieren herbeigeführt wird, sollte man sich zuerst er-kundigen, aus welcher Klimate der Pflegling stammt.

Eine Überwinterungskiste für geruhsamen Schlaf.

Immer wieder werden nämlich Tiere aus Unwissenheit in die Winterruhe gebracht, obwohl sie in ihrer Heimat gar keine Winter-ruhe durchführen. Oder Tiere, die unbedingt eine Winterruhe benötigen, werden das gesamte Jahr bei tropischen Temperaturen im Terrarium gepflegt. Beispielsweise müs-sen Europäische Landschildkröten, Schlan-gen, Echsen und Frösche aus den gemäßig-ten und subtropischen Klimazonen unserer Erde in Winterruhe oder Winterschlaf ge-bracht werden. Viele unserer Pfleglinge stellen sich automatisch im Herbst auf eine Pause ein. Sie stellen teilweise von selbst das Fressen ein und werden in ihrem Verhalten ruhiger. Dies sollte das Zeichen für den Pfleger sein, das Tierchen jetzt allmählich für die Winter-ruhe vorzubereiten.

Da Reptilien in ihrem Winter-quartier geringere Temperaturen als

Überwinterungstemperaturen

Tierart	Temperaturen in der Winterruhe	Zeitdauer der Winterruhe
Bartagame (Pogona vitticeps)	zwischen 15 und 18 °C	zwei bis drei Monate
Dornschwanzagamen (Uromastyx acanthinura)	zwischen 12 und 16 °C	zwei bis drei Monate
Stachelschwanzwaran (Varanus acanthurus)	zwischen 18 und 20 °C	zwei Monate
Leopardgecko (Eublepharis macularius)	zwischen 18 und 20 °C	zwei Monate
Strumpfbandnatter (Thamnophis sirtalis)	um 10 °C	zwei bis drei Monate
Kornnatter (Elaphe guttata)	zwischen 10 und 15 °C	drei bis vier Monate
Griechische Landschildkröte (Testudo hermanni spec.)	zwischen 5 und 8 °C	Die Zeitdauer richtet sich zumeist nach der Länge unseres Winters. Oft also bis zu fünf Monate
Rotwangenschildkröte (Pseudemys scripta elegans)	zwischen 4 und 7 °C	zwei bis drei Monate
Europäische Sumpfschildkröte (Emys orbicularis)	zwischen 5 und 8 °C	drei bis vier Monate, oft sogar noch länger

Die Tiere sollten genau betrachtet werden. Hier eine Kornnatter kurz vor der Häutung. Zu erkennen an den trüben Augen.

in der Aktivitätsphase haben, dürfen die Tiere keine Nahrungsreste in ihrem Magen oder Darm haben, da sonst Fäulnis auftreten könnte und die Tiere in den meisten Fällen daran eingehen. Deshalb dürfen sie zwei Wochen vor der Winterruhe nicht mehr gefüttert werden. Die Temperaturen sollten aber zu dieser Zeit nicht gesenkt werden, damit die Tiere die verbliebenen Nahrungsreste verdauen und ausscheiden können. Erst danach können dann die Temperaturen allmählich gesenkt werden.

Auch die Unterbringung während der Winterruhe ist abhängig von der jeweiligen Tierart. So hat es sich bewährt, Landschildkröten in luftdurchlässige Kisten zu setzen, die mit feuchtem Laub gefüllt werden, und sie dann an einem kühlen Ort auf dem Dachboden oder in einem Kellerraum unterzubringen. Schildkröten können beispielsweise in einem Gewächshaus beziehungsweise Pflanzenfrühbeet, in welches sich die Pfleglinge selbst vergraben, überwintert werden.

Echsen und Schlangen, die bei Zimmertemperatur überwintert werden, sollten im Terrarium verbleiben. Wärmelampen müssen in dieser Zeit ausgeschaltet und das

Wichtig!

Die Tiere dürfen bei der Überwinterung keine Nahrungsreste mehr in ihren Därmen haben, sonst kann es zu schweren gesundheitlichen Schäden kommen. Deshalb müssen die Tiere vor der Winterruhe gebadet werden, so entleeren sie sich allmählich.

gesamte Becken leicht feucht gehalten werden. Echsen oder Schlangen, die bei Temperaturen um die 10 °C in ihre Pause gehen, können in Kisten auf dem Dachboden überwintert werden. Zuvor müssen die Tiere jedoch in feuchte Tücher eingewickelt werden, damit sie nicht zu viel Feuchtigkeit verlieren. Das gleiche Prinzip ist auch in Kühlschränken möglich, falls der Pfleger den Anblick seiner Reptilien zwischen Wurst und Käse verträgt. Ein ausrangierter Kühlschrank wäre deshalb wohl die sinnvollste Lösung.

Reptilien und Amphibien aus den tropischen Klimazonen unserer Erde führen keinerlei Winterruhe oder sogar Winterschlaf durch, doch auch sie sind an bestimmte jahreszeitliche Rhythmen gewöhnt. So sollten auch diese Pfleglinge verschiedene Jahreszeiten im Terrarium erleben. Ein Faktor ist die Tagesdauer. In den tropischen Sommern scheint die Sonne bedeutend länger als im tropischen Winter, was sich auf die Temperaturen jedoch nur kaum auswirkt. Die Tiere sollten somit zwei Monate bei einer Tageslänge von acht bis neun Stunden gepflegt werden, den Rest des Jahres bis zu 14 Stunden. Eine allmähliche Zunahme oder Abnahme der Tageslänge wäre ideal. Ein anderer Faktor ist die Regenzeit in den tropischen Klimazonen. Die Tiere sollten also auch im Terrarium eine bis zwei Regenzeiten erleben, indem über zwei Monate hinweg die Terrarien täglich mit Wasser besprüht werden.

> ***Tip!***
>
> *Unsere heute gut isolierten Kellerräume sind für die Überwinterung oft zu warm, deshalb sollten Sie einen geeigneteren Unterbringungsort suchen.*

Ein Pärchen des Bergchamäleons: Die Weibchen sind meistens wesentlich kleiner als die Männchen.

Stachelschwanzwarane vor der Paarung. Das Weibchen hat nach zirka vier Wochen 14 befruchtete Eier gelegt.

Die Winterruhe beziehungsweise die Klimafaktoren der tropischen Gebiete unserer Erde sind auch Voraussetzung und wesentlicher Auslöser für das Einsetzen der Paarung.

Die erfolgreiche Zucht

Eine optimale Pflege und der Besitz eines Pärchens ist keine Garantie für eine erfolgreiche Zucht. Doch meines Erachtens ist die Vermehrung dieser oft geschützten Tierchen die einzige Rechtfertigung der Pflege von Reptilien und Amphibien – vor allem aus dem Grund, daß keine oder nur eine begrenzte Anzahl der Natur entnommen werden. Wie unter dem Kapitel über die Winterruhe schon erwähnt, ist eine Klimaveränderung im jahreszeitlichen Rhythmus Voraussetzung für die Zucht.

Balz und Paarung

Nach der Winterruhe, Regen- aber auch einer Trockenzeit setzt bei den meisten Reptilien und Amphibien die Balz und darauf folgend die Paarung ein. Nach einer erfolgreichen Paarung setzt das Weibchen Eier an. In dieser Phase sollten die weiblichen Tiere besonders viel an Futter, Mineralien und Vitaminen angeboten bekommen, da sie

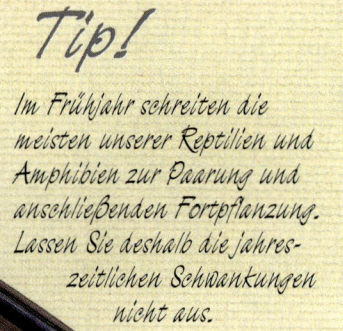

Tip!

Im Frühjahr schreiten die meisten unserer Reptilien und Amphibien zur Paarung und anschließenden Fortpflanzung. Lassen Sie deshalb die jahreszeitlichen Schwankungen nicht aus.

zu dieser Zeit außerordentlich große Mengen verschlingen können. Viele Weibchen stellen kurz vor der Eiablage oder Geburt das Fressen ein und suchen einen geeigneten Platz auf, an dem die Eier gelegt oder die Jungen zur Welt gebracht werden können.

Bebrüten und Schlupf

Die Eier oder Jungen sollten sofort aus dem Elternterrarium entnommen und in einen Inkubator (Brutgerät) oder ein kleines Terrarium überführt werden.

Die Eier werden in ein feuchtes Vermiculite (im Zoofachhandel oder Bauhäusern als Dämmstoff zu erwerben) eingebettet, das zuvor in kleine Plastikdosen gefüllt wurde. Die Bruttemperatur ist für die verschiedenen Reptilienarten unterschiedlich und liegt zwischen 25 und 31 °C. Die Dosen sollten so verschlossen werden, daß eine Luftzirkulation möglich ist. Nach einem längeren Zeitraum, der von 30 Tagen bis zu einem Jahr andauern kann, schlüpfen die Jungen und dürfen erst aus den Dosen entnommen werden, wenn sie vollständig ihr Ei verlassen haben. Nun beginnt die Aufzucht der Reptilienbabys.

Die Aufzucht der Jungtiere

Viele Terrarianer sind in den ersten Tagen und Wochen sehr besorgt über ihre ersten Nachzuchten, weil die

Wichtig!

Im Gegensatz zu Vogeleiern dürfen Reptilieneier nicht mehr bewegt werden. Am besten ist es, wenn Sie die Eier bis zu dem möglichen Schlupftermin nicht mehr berühren.

„Wenn ich Eier lege und Du möchtest sie ausbrüten lassen, dann mußt Du mir mein Gelege wegnehmen. Ich bin nämlich ein Waran und liebe eier, auch meine selbst gelegten."

Junge Kornnattern bekommen
Babymäuse als Futter.

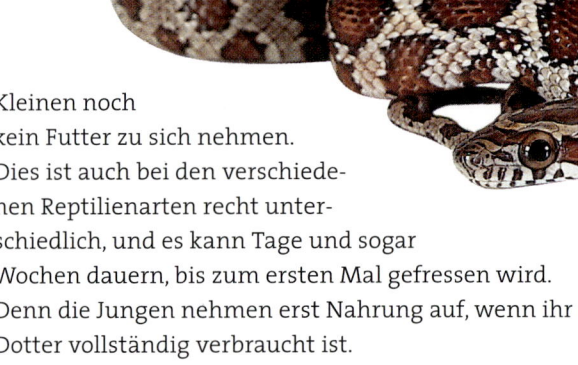

Kleinen noch
kein Futter zu sich nehmen.
Dies ist auch bei den verschiede-
nen Reptilienarten recht unter-
schiedlich, und es kann Tage und sogar
Wochen dauern, bis zum ersten Mal gefressen wird.
Denn die Jungen nehmen erst Nahrung auf, wenn ihr
Dotter vollständig verbraucht ist.

Die Jungtiere sollten auf die gleiche Art untergebracht werden wie ihre Eltern. Es hat sich jedoch bewährt, die Jungen
etwas feuchter zu halten, weil sie einfach durch ihre dünne
Haut mehr Feuchtigkeit verdunsten als ihre Eltern und somit auch mehr Wasser benötigen. Die Reptilienbabys sollten bei der Fütterung Futtertiere erhalten, die ihrer Größe
entsprechen, also lieber etwas kleiner als zu groß. Vitamine
und Mineralien dürfen bei der Aufzucht keinesfalls fehlen
und bei jeder Futtergabe den Speiseplan
erweitern. Genauso bewährt hat sich
auch die tägliche Bestrahlung mit
UV-Licht, um einer rachitischen
Erkrankung vorzubeugen.

Diese Unken sind leicht zu pflegen.

Gesundheitsvorsorge
und Krankheiten

Wie erkenne ich,
daß mein Tier krank ist?

Jede Pflege von Tieren setzt voraus, daß der Pfleger seine
Pfleglinge auch kennt. Dies ist jedoch nur durch eine
intensive Beobachtung der jeweiligen Tiere zu gewährleisten. Eine Krankheit bei Reptilien und Amphibien
äußert sich nämlich in verändertem Aussehen

und Verhalten, und ein aufmerksamer Terrarianer bemerkt sofort das Kränkeln seines Tierchens.

Sollte eine Erkrankung vermutet werden, warten Sie nicht lange, sondern suchen Sie baldigst einen erfahrenen Tierarzt auf. In den letzten Jahren ist das Angebot an Tierärzten, die sich auch mit Echsen, Schlangen, Schildkröten und Fröschen auskennen, bedeutend angewachsen.

Der Transport zum Arzt

Für den Transport Ihres Pfleglings beachten Sie wieder, die schon beschriebenen Regeln (siehe Seite 26). Schnell

Haltungs- und Fütterungsfehler

Häufige Haltungsfehler:

Zugluft, zu nasse Unterbringung, zu trockene Unterbringung, Streß, mangelnde Hygiene, zu niedrige Temperaturen, zu hohe Temperaturen, direkte Sonnenein-strahlung, gleichbleibende Temperaturen tags und nachts, giftige Pflanzen in den Terrarien

Häufige Fütterungsfehler:

Unausgewogenheit, Überangebot, zu fettes Futter (Fertigfutter für Hunde oder Katzen), zu wenig Futter, verdorbenes Futter, behandeltes Futter (Pestizide)

Die Königspyton ist oft von Milben oder Zecken befallen.

Häufige Symptome und Krankheiten

Was Sie selbst tun können

Milbenbefall wird oft schon beim Kauf festgestellt. Stecknadelgroße schwarze Lebewesen werden meist im Augen- und Kloakenbereich entdeckt. Zur Bekämpfung setzen Sie die Tiere in einen mit 0,2%iger Neguvon-Lösung getränkten Beutel und lassen Sie die Tiere über wenige Stunden darin. Achtung: Geckos vertragen das Mittel nicht.

Häutungsschwierigkeiten treten oft durch Haltungsfehler oder Außenparasiten (Milben) auf, manchmal auch bei Vitaminmangel. Baden Sie die Tiere, so daß sich die Haut löst, und überprüfen Sie die klimatischen Verhältnisse. Vitamingaben sollten kontrolliert werden.

Augenentzündungen/-schwellungen treten durch zu hohe UV-Bestrahlung, Zugluft oder Vitamin-A-Mangel auf. Kontrollieren Sie das Terrarienklima. Die Augen des Tieres sollten mit einer Vitamin-A-Salbe täglich betupft werden und den Tieren zusätzlich Multivitamin-Präparate verabreicht werden.

Rachitis ist ein weitverbreitetes Phänomen in der Terraristik. Ausgelöst durch zu geringe Calcium- und Vitamin-D-Zufuhr im Zusammenhang mit zu geringer UV-Bestrahlung und einem zu reichhaltigen Nahrungsangebot, läßt diese Krankheit die Pfleglinge deformieren, indem die Knochen und der Panzer aufweichen und verkrümmen oder weich wie Gummi werden. Vorbeugung ist die beste Bekämpfung. Calcium-

Wann Sie baldmöglichst zum Tierarzt müssen

Äußere Verletzungen kommen bei Reptilien durch Bißwunden oder abgebrochene Schwänze öfters vor. Manchmal reicht eine etwas trockenere Haltung und das Auftragen einer Antibiotika-Salbe oder eines Puders. Vorsichtshalber sollte aber ein Tierarzt aufgesucht werden.

Zitterkrampf ist eine Krankheit, die in der Terrarienhaltung öfter entsteht. Zu geringe Vitamingaben, und hier speziell Vitamin-B, sind die Hauptursachen für dieses oft tödliche Auftreten. Suchen Sie sofort einen Tierarzt auf. Im Anfangsstadium ist mit Vitamin-B-Gaben den Tierchen meist zu helfen.

Kiefervereiterung/Maulfäule entsteht durch Beißereien (Vereiterung) oder durch unsachgemäße Haltung. Bei Schildkröten tritt die Maulfäule oft während der Winterruhe auf und bricht dann im Frühjahr aus. Doktern Sie nicht selbst herum, sondern suchen Sie sofort einen Tierarzt auf. Die Maulfäule verläuft nämlich in vielen Fällen tödlich, kann jedoch durch frühes Erkennen wirkungsvoll bekämpft werden.

Lungenentzündung äußert sich bei Reptilien durch Bläschenbildung an Nasenlöchern und Maul und das Auftreten von Schleim im Maul. Röchelnde Atemgeräusche und ruckartiges Öffnen des Mauls sind Anzeichen auf eine Lungenentzündung. Ausgelöst wird sie oft durch zu kühle Haltung, Zugluft oder ständig gleichbleibender hoher Temperatur ohne die notwendige Nachtabsenkung. Sollten sich bei Ihrem Tier solche

mit Vitamin-D-Gaben und UV-Bestrahlung lassen Rachitis erst gar nicht auftreten. Multivitamin-Präparate werden angeraten.

Krallenstutzen muß manchmal bei Schildkröten und manchen Echsen angewandt werden. Aufgrund einer unzureichenden Abnutzung, ausgelöst durch zu wenig Bewegung oder zu weiches Bodensubstrat, wachsen die Krallen auf eine unnatürliche Länge. Schneiden Sie die Krallen mit einer Nagelschere für Hunde oder Katzen wieder auf eine angemessene Länge. Doch Vorsicht: Nicht zu tief schneiden, denn dort sind die Krallen durchblutet. Also stets nur in das Helle der Krallen schneiden, nicht in das Braune.

Hautmykosen haben bei falschen Klimaverhältnissen im Terrarium sehr gute Verbreitungsmöglichkeiten. Große Hautflächen unserer Pfleglinge werden von den Mykosen befallen und hinterlassen nach einer Heilung häßliche Narben. Deshalb achten Sie darauf, daß das Terrarienklima für ihre Tierchen auch richtig ist. Zu niedrige Temperaturen mit gleichzeitiger hoher Feuchtigkeit begünstigen die Bildung von Hautmykosen. Behandeln Sie die befallenen Hautstellen mit pilztötenden Salben, führen Sie die Behandlung über mehrere Wochen fort, und achten Sie auf das richtige Terrarienklima.

Anzeichen zeigen, suchen Sie schnellstens einen Tierarzt auf, denn nur durch eine Antibiotika-Therapie läßt sich das Tier noch retten.

Entzündungen im Verdauungstrakt äußern sich durch Appetitlosigkeit und das Absetzen breiigen und übelriechenden Kots. Entzündungen dieser Art entstehen oft durch Wurm- oder Flagellatenbefall und müssen sofort von einem Tierarzt behandelt werden.

Penisvorfall ist eine seltene Erscheinung bei Echsen und Schildkröten. Die Tiere stülpen einen ihrer Hemipenisse heraus und ziehen diesen nicht wieder in den Schwanz. Sollten Sie bei Ihrem Tier feststellen, daß der Hemipenis nicht wieder eingezogen werden kann, nehmen Sie das Tier aus seinem Terrarium heraus und halten Sie den ausgestülpten Hemipenis feucht. Ein Tierarzt kann dann weitere heilende Schritte einleiten.

Schwacher Durchfall ist bei manchen Reptilien der Normalzustand. So koten Warane ausschließlich sehr dünn, und auch manche Schlangen und Geckos haben einen recht dünnen Kot. Doch sollten Landschildkröten, Dornschwanzagamen, viele Schlangen und Echsen einen festen Kot haben; sollte dies nicht der Fall sein, ist oft ein Bakterien- oder Wurmbefall der Auslöser. Deshalb ist es wichtig, daß Sie den Kot Ihrer Tiere hin und wieder überprüfen.

Starker Durchfall ist bei Reptilien manchmal durch bestimmte Präparate aus dem Zoofachhandel zu beheben. Manchmal reicht es sogar schon, weniger Wasser anzubieten (meist bei Wüstentieren) und die Temperatur zu erhöhen. Doch wenn sich der Kot über eine längere Periode nicht verfestigt (drei bis vier Tage), dann ist der Rat eines Tierarztes herbeizuziehen.

Zecken sind bei frisch importierten Reptilien fast immer vorhanden und schwer zu entfernen. Betupfen Sie die Zecke mehrmals mit Salatöl, so daß sie erstickt. Dann können Sie nach Stunden die Zecke mit einer Pinzette gegen den Uhrzeigersinn herausdrehen. Setzen Sie hierzu die Pinzette am Kopf des Wirts an, damit dieser nicht abreißt. Nur durch das vollständige Entfernen gewährleisten Sie eine schnelle Heilung der Wunde. Die Wunde sollte dann desinfiziert werden.

Legenot wird oft durch Störungen, etwa durch das Umsetzen eines trächtigen Weibchens in ein anderes Terrarium, ausgelöst. Die Tiere stellen das Fressen ein und liegen apathisch herum. Die Eier sind deutlich zu sehen und zu ertasten. Suchen Sie bei Anzeichen von Legenot einen Tierarzt auf. Oft kann den Tieren nur noch operativ geholfen werden. Manchmal reicht auch die Zufuhr eines wehenfördernden Medikaments (Oxytoncin).

hat sich nämlich eine verletzte Echse auf dem Weg zum Tierarzt eine Lungenentzündung eingefangen, weil sie zu kalt transportiert wurde. Deshalb verwenden Sie stets für den Transport eine Styroporbox mit Wärmflasche und setzen das Tier in eine Plastikbox oder einen Leinensack. So verhindern Sie eine weitere gesundheitliche Unannehmlichkeit.

Quarantäne

Die Tiere, die Ihnen krank erscheinen, sollten sofort separiert werden. Dies bedeutet: Setzen Sie das kranke Tier in ein Terrarium ohne Artgenossen. Erhöhen Sie die Temperatur ein wenig. Die Terrarien sollten nur wenig eingerichtet sein, oft empfiehlt es sich sogar, keinen Bodengrund zu benutzen. Zeitungspapier erfüllt seinen Zweck in einem solchen Fall genauso, und Sie können vor allem mit mehr Hygiene das Tier behandeln. Erst wenn der Pflegling wieder gesund ist, kann er zu seinen Artgenossen zurückgesetzt werden. Lassen Sie dem Tier jedoch einen angemessenen Genesungszeitraum.

Auch beim Neukauf empfiehlt es sich, die neuen Tiere in Quarantäne zu halten, um nicht Gefahr zu laufen, die anderen Tiere anzustecken.

Einen Zeitraum von vier bis sechs Wochen sollte der Neuling in seinem „Übergangsheim" schon ausharren. In dieser Zeit ist es ratsam, das Tier oft zu beobachten, um einen Eindruck vom Wohlbefinden des Tieres zu erlangen. Erst wenn sich keine Anzeichen für eine Krankheit zeigen, können Sie das Tier zu seinen Artgenossen setzen.

Landschildkröten müssen bei weichem Bodengrund die Krallen geschnitten bekommen.

„Du wunderst Dich sicher, warum ich mich selbst auffresse. Doch ich fresse nur meine alte Haut, die ich mehrmals im Jahr wechsel."

Terrarientiere verstehen lernen

Für viele sind Reptilien und Amphibien stumme Zeitgenossen, die sich kaum bewegen und Langeweile verbreiten. Doch wer seine Schlange, Echse, Schildkröte oder seinen Frosch aufmerksam beobachtet, wird feststellen, daß er fast täglich neue Eigenarten an seinem Pflegling entdeckt und schnell fasziniert vom Leben hinter dem Terrarienglas ist.

Die Eingewöhnung des neuen Mitbewohners

Reptilien sind Lebewesen, die oft sehr ortstreu leben. Das heißt, sie verlassen ihre Höhlen oder Gebiete, in denen sie leben, nur sehr selten. Meist nur um auf Beutesuche zu gehen oder Wasser aufzunehmen. Reißt man sie nun aus ihrer gewohnten Umgebung, egal ob aus einem anderen Terrarium oder der freien Natur, trauern

Leopardgeckos sind dankbare Pfleglinge. Sie lassen sich relativ gut nachziehen.

Der Gebänderte Baumwaran ist nur selten in Terrarien anzutreffen, da er fast nie im Handel angeboten wird und auch bei Züchtern selten ist.

viele Tierchen die ersten Tage bis Wochen. Sie sind scheu und nehmen kaum Futter an, oft liegen sie auch teilnahmslos in einer Höhle oder einer Ecke.

Lassen Sie den Tieren in dieser Zeit ihre Ruhe. Sie sollten keinesfalls zusätzlich gestreßt werden. Oft ist es sogar von Vorteil, die Sichtscheiben des Terrariums mit dünnen Stofftüchern zuzuhängen, damit die Tiere nicht von außen erschreckt werden können. Bieten Sie den Tieren regelmäßig Futter und frisches Wasser an, auch auf die Gefahr hin, daß es nicht angenommen wird. Mit Geduld stellt sich dann der Erfolg bald ein.

Sinnesleistungen

Sehen

Die Sinnesorgane der Reptilien sind unterschiedlich gut entwickelt. Das Auge ist wohl bei allen Reptilien und auch Amphibien das wichtigste Sinnesorgan. Aufmerksam betrachtet eine Echse ihre Umgebung und sollte Beute in ihren Augenwinkeln erscheinen, stößt sie sofort zu. Auch der Farbsinn scheint bei Reptilien entwickelt zu sein. Jeder kann den Versuch starten und einer Landschildkröte die Wahl zwischen einer roten Tomate und einem grünen Salatblatt geben. Die Schildkröte läuft garantiert auf die Tomate zu, da Schildkröten die rote Farbe der Tomaten mit saftiger Nahrung gleichsetzen.

Schildkröten sind aufmerksame Beobachter.

Verhaltensweisen

Verhalten der Tiere	Warum verhalten sich die Tiere so	Was Sie tun sollten
Fluchtverhalten	Reptilien sind größtenteils Fluchttiere, da sie bis auf wenige Ausnahmen (Großwarane) viele Feinde haben. Deshalb sind Reptilien oft sehr schreckhaft.	Bieten Sie ihren Pfleglingen Versteckmöglichkeiten. Nähern Sie sich den Terrarien langsam und machen Sie keine schnellen Bewegungen, die die Tiere erschrecken könnten. Lassen Sie Hunde oder Katzen nicht in die Nähe von Terrarien, da die Terrarieninsassen Feinde vermuten.
Ständige Wachsamkeit	Reptilien sind auch im Schlaf sehr aufmerksam, jede Bewegung wird wahrgenommen.	Stören Sie die Tiere in ihrer Ruhephase nicht, denn damit werden sie unnötig Streß ausgesetzt.
Bewegungsdrang	Der Bewegungsdrang ist bei Reptilien sehr unterschiedlich. So sind viele Warane den ganzen Tag unterwegs und suchen Beutetiere. Schlangen hingegen liegen über längere Zeiträume bewegungslos herum, können aber blitzschnell zustoßen, um Beute zu erlegen.	Bieten Sie Ihren Pfleglingen genügend Platz zum Auslauf. Ein großes Terrarium ist immer besser als ein zu kleines Becken.
Sozialverhalten	Das Sozialverhalten bei Reptilien und Amphibien ist nicht generell zu beschreiben, da jede Art ihre eigenen Gesetzmäßigkeiten hat. Oft ist jedoch die Pflege von mehreren Männchen in einem Terrarium unmöglich.	Um Bißverletzungen oder ähnliches zu vermeiden, pflegen Sie immer nur ein Pärchen einer Art zusammen, es sei denn im Artenteil (siehe Seiten 10 – 21) ist eine Vergesellschaftung mit mehreren Tieren ausdrücklich erwähnt.
Kannibalismus	Es gibt bei manchen Schlangen- und Echsenarten Kannibalismus.	Halten Sie nie Tiere unterschiedlicher Größe in einem Becken zusammen. Auch Jungtiere sollten nicht bei ihren Eltern verbleiben, da sie als Beute angesehen werden. Füttern Sie Ihre Tiere regelmäßig, so daß nicht zu lange Nahrungspausen eintreten und sich somit die Gefahr von Kannibalismus vergrößert.

Hörsinn

Das Hörvermögen ist bei unseren Pfleglingen unterschiedlich gut ausgeprägt. So gibt es Arten, die überhaupt nicht hören können (Schlangen), aber auch wieder andere, die ausgezeichnet verschiedene Töne voneinander unterscheiden können.

Geruchssinn

Besonders der Geruchssinn spielt bei vielen Reptilien eine wichtige Rolle. Doch unterscheidet sich der Geruchssinn bei den verschiedenen Arten. Schildkröten und die meisten Echsen riechen durch ihre Nasenlöcher und unterscheiden sich hier nicht von anderen Lebewesen. Warane und Schlangen hingegen riechen in einem Zusammenspiel zwischen den Nasenlöchern und der Zunge. Durch Züngeln nehmen sie Duftstoffe aus der Luft auf, die im Gaumen (Jacobsonsches Organ) als Information an das Gehirn gegeben werden. Warane und Schlangen riechen, oder besser schmecken, somit mit ihrer Zunge.

Warane vertragen sich untereinander oft nicht. Sie neigen dazu, sich gegenseitig anzufallen und zu verletzen.

Vergesellschaftung

Oft taucht in der Terraristik die Frage auf, ob verschiedene Reptilienarten gemeinsam in einem Terrarium gepflegt werden können. Die Frage ist jedoch nicht eindeutig zu beantworten, da es auf die Arten ankommt, die zusammenziehen sollen. Generell ist aber zu sagen, daß Schlangen, Echsen und Schildkröten nicht in einem Becken gepflegt werden sollen. Zu unterschiedlich sind die Ansprüche, die die Tiere an eine artgerechte Unterbringung stellen. Eine große Rolle spielt auch die unterschiedliche Zusammensetzung der Darmflora der verschiedenen Tiere. So können die Ausscheidungen einer Schildkröte für Echsen oder Schlangen lebensgefährlich sein.

Tip!

Bei Geckos dürfen Sie nie am Schwanz anpacken, denn sonst haben Sie ihn unweigerlich in der Hand.

Außerdem sind viele Reptilien, die man vergesellschaften möchte, natürliche Feinde, und so kann es schnell zum Ende eines der Pfleglinge kommen.

Nur selten ist eine erfolgreiche Vergesellschaftung möglich. Sie können jedoch beispielsweise Dornschwanzagamen mit Bartagamen vergesellschaften und damit gute Erfahrungen machen.

Der richtige Umgang mit Reptilien

Werden Reptilien zahm?

Reptilien sind nicht mit Hunden oder Katzen zu vergleichen, die bei Ruf oder Pfiff zum Frauchen oder Herrchen laufen. Außerdem sollte bei der Pflege dieser Tiere auch nicht die Dressur oder ähnliches im Mittelpunkt stehen. Schon aus dem Gesichtspunkt heraus, daß Reptilien oder Amphibien nicht aus ihrem Terrarium genommen werden sollten, wenn es nicht unbedingt notwendig ist.

Echsen sollten Sie stets so hochnehmen, daß das Tier den Kopf nur wenig bewegen kann.

Reptilien beziehungsweise Amphibien werden auf eine andere Art zahm. So ist es bei vielen Arten schon ein großer Erfolg, wenn sie auf ihrem Sonnenplatz liegen bleiben, wenn der Pfleger das Zimmer betritt. Ein weiterer Erfolg ist, wenn eine Echse von der Pinzette frißt. Dies ist übrigens ein Vorteil, denn man kann bestimmte Tiere zusätzlich mit Futter und Vitaminen versorgen. Erfreuen Sie sich deshalb lieber am Anblick Ihrer Tierchen als über die Dressur.

Wie nehme ich Reptilien hoch?

Sollten Sie dennoch mal Ihre Echse oder Schlange aus dem Terrarium nehmen müssen, so ist immer Vorsicht angesagt. Denn schnell hat eine Echse ihren Hals gedreht und beißt kräftig in Ihre Hand. Deshalb schützen Sie sich bei bissigen Reptilien mit Lederhandschuhen oder benutzen Sie bei Schlangen einen Schlangen-haken.

Echsen werden soweit wie möglich am Kopf gepackt und mit der anderen Hand an den Hinterbeinen, so verhin-dern Sie ein Strampeln und Zubeißen der Echse.

Tomatenfrösche sind untereinander verträgliche Artgenossen.

„Ich bin eine Kornnat-ter aus dem Süden der USA. Damit ich mich wohl fühle, brauche ich viel Wärme. Deshalb mußt Du dafür sor-gen, daß ich mich unter einer Lampe aufwär-men kann."

Aggressionen bei Reptilien

Wie bei jeder Art von Tierhaltung ist auch in der Terraristik die nötige Vorsicht geboten. Nicht die Aggression des Tieres, sondern die Unachtsamkeit des Pflegers führt zu Unfällen. Doch auch bei der Auswahl der Tierart können Unfälle mit Reptilien und Amphibien vermieden werden.

Giftschlangen oder Großwarane gehören nicht in die Hände eines Anfängers, doch auch die im Zoohandel oft angebotenen Würgeschlangen können gerade für Einsteiger eine Gefahr darstellen.

Deshalb wählen Sie Echsen-, Schlangen,- Frosch- und Schildkrötenarten, die für Einsteiger in die Terraristik nicht zur Gefahr werden können. Wenn Sie dies bei der Auswahl berücksichtigen, brauchen Sie sich über Aggressionen der Tiere Ihnen gegenüber keine Sorgen machen.

Sollte dennoch eine Verletzung durch das Tier entstanden sein, suchen Sie umgehend Ihren Hausarzt auf. Eine Impfung gegen Blutvergiftung ist jedem Pfleger zu raten.

Jemen-Chamäleons sind im Umgang mit Menschen eher selten aggressiv. Ihren Artgenossen gegenüber können sie sich jedoch des öfteren angriffslustig zeigen.

Forum für Reptilien und Amphibien

Literatur

Harald Jes: Echsen als Terrarientiere, Gräfe und Unzer Verlag, München 1987

Kurt Rimpp: Das Terrarium – Terrarientiere halten und pflegen, Ulmer Verlag, Stuttgart 1993

Paul Heinrich Stettler: Handbuch der Terrarienkunde, Kosmos Verlag, Stuttgart 1986

Ludwig Trutnau: Terraristik, Ulmer Verlag, Stuttgart 1994

Dr. Hans-Joachim Herrmann: Das Terrarium für den Anfänger, Tetra Verlag 1994

Gabriele Schmidt: Wie pflege ich Pfeilgiftfrösche, Terrarien Bibliothek, Münster 1994

Zeitschriften

DATZ (Aquarien- und Terrarienzeitschrift), Ulmer Verlag, Stuttgart

Herpetofauna. Die Zeitschrift für den Terrarianer. Herpetofauna Verlag, Weinstadt

Adressen

Deutsche Gesellschaft für Herpetologie und Terrarienkunde (DGHT) e.V., Postfach 1421, 53351 Rheinbach (Internet: http://www.dght.de)

Zentralverband Zoologischer Fachbetriebe Deutschlands (ZZF), Rheinstr. 35, 63225 Langen (Internet: http://www.zzf.de)

Der Autor dankt dem Aqua-Terra Shop Hanau, Diana Heilos und Oliver Fink, für das Zur-Verfügung-Stellen ihrer Tiere als „Fotomodelle", Simone Meyer, für die Toleranz und Geduld, die sie seinem Hobby entgegenbringt, und seinen Eltern für die jahrelange Förderung seines Hobbys.

Impressum

Es ist nicht gestattet, Abbildungen dieses Buches zu scannen, in PCs oder auf CDs zu speichern oder in PCs/Computern zu verändern oder einzeln oder zusammen mit anderen Bildvorlagen zu manipulieren, es sei denn mit schriftlicher Genehmigung des Verlages.

Die Deutsche Bibliothek – CIP-Einheitsaufnahme

Terraristik für Einsteiger: Erprobter Menü- und Pflegeplan; Gesundheitscheckliste; Mit Lernspiel für Kinder / Matthias Körner. (Ill.: Manfred Lindner). – Augsburg : Augustus Verl., 1999
 ISBN 3-8043-7126-4

Augustus-Verlag, Augsburg 1999
© Weltbild Ratgeberverlage GmbH & Co. KG
Alle Rechte vorbehalten
Fotos: Christine Steimer, Wölfersheim
Illustrationen: Manfred Lindner
Lektorat: Sibylle Kolb, Augustus Verlag
Layout und Satz: Uhl & Massopust, Aalen, nach einem Entwurf von Cosmas Fette, Offendorf, gesetzt aus der The Serif 9/13 Punkt
Reproduktion: Uhl & Massopust, Aalen
Umschlaggestaltung: Vera Faßbender, Augustus Verlag
Druck und Bindung: Offizin Andersen Nexö, Leipzig
Gedruckt auf umweltfreundlich chlorfrei gebleichtem Papier
Printed in Germany

ISBN 3-8043-7126-4

Register

Reptilienspiel

Taktisches Würfel- und Lern-Spiel
für 2 – 4 Spieler ab 7 Jahren
Spielidee: Ingo Faustmann, Ravensburg
Fragen und Antworten: Matthias Körner

SPIELZIEL ... ist es, bei Spielende die meisten Punkte zu haben!

SPIELVORBEREITUNG Zunächst trennt Ihr den Spielplan vorsichtig aus dem Buch heraus. Nun braucht Ihr noch Spielmaterial, das Ihr aus einem anderen Spiel herausnehmen könnt: einen Würfel mit den Zahlen von 1 bis 6, eine Spielfigur für jeden Mitspieler, 12 Chips (oder Münzen), ein Blatt Papier und einen Stift.

Neben den *Lauffeldern,* auf denen Ihr Eure Spielfigur bewegt, gibt es 15 *große Reptilienfelder* mit bunten Abbildungen. Davon sind *12 Fragefelder* (auf denen Ihr Euer Wissen testen könnt) und *3 Chancenfelder,* auf denen Ihr mit Glück zusätzlich Punkte machen könnt. Legt auf die 12 Fragefelder jeweils einen Chip – am besten so, daß der Text nicht abgedeckt wird.

JETZT GEHT'S LOS! Jeder sucht sich eine Spielfigur aus und stellt sie auf das farbgleiche Startfeld. Wählt einen Startspieler aus und gebt diesem Spieler den Würfel. Danach geht es dann immer im Uhrzeigersinn weiter. Der Startspieler notiert zusätzlich Eure Punkte und bekommt deshalb Papier und Stift. Wer an der Reihe ist, würfelt und bewegt dann seine Spielfigur genau um die gewürfelte Augenzahl weiter. Man kann in jede beliebige Richtung gehen. Jedes Feld zählt einen Würfelpunkt. Endet Euer Spielzug auf einem Feld, wo ein Mitspieler steht, habt Ihr Pech. In diesem Fall müßt Ihr in eine andere als die gewünschte Richtung ziehen.

DIE 15 REPTILIENFELDER Wer seinen Zug auf einem ➡-Feld beendet, kann jetzt vielleicht einen Punkt machen. Der Pfeil zeigt dabei auf das Reptilienfeld, um das es jetzt geht. Ist es ein *Fragefeld,* dann liest Dein linker Nachbar jetzt die Frage vor, und Du mußt die richtige Antwort geben. Diese ist unter der Nummer des Feldes auf der folgenden Seite abgedruckt. Stimmt die Antwort, wird Dir ein Punkt gutgeschrieben und der Chip abgeräumt, ansonsten hast Du Pech und beendest den Zug ohne Punktgewinn. Das Spiel endet, wenn der letzte der 12 Chips abgeräumt ist und damit alle Fragen einmal gestellt und beantwortet wurden. Ist es ein *Chancenfeld,* so kannst Du Glück haben, einen Punkt einfach so zu bekommen: Wenn Du jetzt eine der Zahlen würfelst, die auf dem Feld abgedruckt sind, dann erhältst Du einen Punkt, ohne daß Du etwas dafür tun mußt.

WICHTIG Auf den Chancenfeldern kann jeder, wenn er darauf kommt, immer wieder sein Glück versuchen. Der Startspieler, der für Euch die Punkte aufschreibt, muß aber wegen der Endabrechnung darauf achten, daß er für jeden Mitspieler die Punkte aus den Fragefeldern und aus den Chancenfeldern extra notiert!

DIE ABRECHNUNG Jetzt wird's spannend:
- Jeder Punkt aufgrund einer richtig beantworteten Frage eines Fragefeldes zählt ganz normal.
- Jeder Punkt aufgrund eines richtigen Tips auf einem Chancenfeld zählt auch als ein Punkt – mit der einzigen Ausnahme, daß man auf diese Weise *nicht mehr Punkte* zusätzlich machen kann als mit richtig beantworteten Fragen.

Ein Beispiel: Heidi hat bei Spielende 3 Punkte aus den Fragefeldern und 4 Punkte aus den Chancenfeldern. Das ergibt, daß man bei Spielende nicht mehr Punkte für die Chancen dazuzählen darf als man Fragen richtig beantwortet hat: 3 Punkte (Fragefelder) + 3 Punkte (Chancenfelder – ein Punkt verfällt) = 6 Punkte insgesamt.

SIEGER IST, WER DIE MEISTEN PUNKTE HAT. VIEL SPASS!

Antworten zum Reptilienspiel

1. Reptilien-Kauf Reptilien und Amphibien kannst Du aus einem Zoofachgeschäft oder direkt von einem Züchter kaufen.

2. Ausstattung Ein geeignetes und großes Trocken-terrarium, Sand und Lehm als Bodengrund, Steine und Wurzeln als Kletter- und Versteckmöglichkeiten, einen Trinknapf, eine oder mehrere Wärmequellen (Spotstrahler) und ausreichend UV-Licht (Neon-röhre).

3. Haltung Stachelschwanzwarane sollten, wie alle Warane zu zweit oder alleine gehalten werden. Die Haltung von mehreren Tieren führt oft zu Beiße-reien.

4. Nahrung Landschildkröten erhalten: Wiesenkräu-ter, Löwenzahn, Klee, Salat, Gemüse und wenig Obst. Landschildkröten benötigen wie alle Reptilien eine abwechslungsreiche Ernährung, um alle Vitamine und Mineralien für ihr Wohlbefinden zu decken. Jeden Tag nur Salat und Tomate führt zu Mangel-erscheinungen.

5. Vitamine Eine Echse braucht ge-nauso Vitamine wie jedes Lebe-wesen. Du solltest Futtertiere (Grillen, Wanderheuschrecken etc.) vor dem Füttern mit Vitaminpräparaten bestäuben.

6. Richtiges Klima Spotstrahler und Heizmatten-/kabel. Spot-strahler sollten jedoch bevorzugt werden,

weil auch in der freien Wildbahn die Wärme von oben (Sonne) kommt.

7. Sinnesleistungen Ein Waran riecht seine Beute, indem er mit seiner Zunge die Duftstoffe aus der Luft aufnimmt (züngeln) und sie am Gaumen (Jakobsonsche Drüse) schmeckt. Das Gehirn ver-arbeitet dann die Information weiter.

8. Wasserbedarf Das Trinkwasser sollte mehrmals die Woche bis täglich gewechselt werden, oder möchtest Du gerne mehrere Tage alte Limonade trinken?

9. Vergesellschaftung Mehrere verschiedene Repti-lienarten sollten nicht zusammen gepflegt werden. Oft sind es natürliche Feinde, und es besteht die Gefahr, daß sie sich gegenseitig fressen. Auch sind die Klimaansprüche zu unterschiedlich. Die Darm-flora der verschiedenen Reptilien ist häufig so unter-schiedlich, daß sie sich gegenseitig lebensgefährlich gefährden.

10. Krankheiten Das Tier sollte genau beobachtet werden. Gibt es Anzeichen für eine Krankheit, ist nicht lange abzuwarten, sondern auf schnellstem Wege ein Tierarzt aufzusuchen.

11. Bewegung Schlangen benötigen ein ausreichend großes Terrarium (1 m² Grundfläche), da sie einen großen Bewegungsdrang haben.

12. Verhalten Dein Tier sollte vor allem in den ersten Tagen in Ruhe gelassen werden. Doch vergiß nicht, weiter-hin frisches Wasser und Nahrung anzubieten.